Inhalt

Aktiv im Team

Liebev[illegible] umsorgt

Erfahren Sie, wie das Kaninchenheim aussehen sollte, Sie Freundschaft schließen und die Fütterung ein großer Spaß wird.

Lesen Sie, wie Sie sich am besten um Ihre Kaninchen kümmern, was bei Krankheiten zu tun und bei Nachwuchs zu beachten ist.

Untermieter mit Charakter

Zwergkaninchen mit ihrem kuscheligen Fell muten oft an wie kleine Plüschtiere. Doch unter dem dichten Pelz stecken echte Persönlichkeiten mit Charakter.

Wenn Sie sich viel und einfühlsam mit Ihren Tieren beschäftigen, werden sie Ihre Zuwendung genießen. Noch lieber wollen Kaninchen jedoch artgerecht beschäftigt werden – dann lassen sie ihre Menschen gern an ihrem spannenden Leben teilhaben und begeistern mit ihrer Neugier – und Sie werden zum Dream-Team.

Kaninchen sind aufgeweckte Kerlchen. Diesen beiden Gesellen scheint man ihre Unternehmungslust richtig ansehen zu können.

Gestatten Zwergkaninchen

Herkunft der Zwergkaninchen

Zwergkaninchen stehen auf der Beliebtheitsskala unserer Heimtiere ganz oben, besonders wenn man Kinder nach ihren liebsten Tieren fragt. Das ist auch kein Wunder, begeistern Kaninchen doch durch ihre großen Augen, das kleine Näschen, die lustigen Ohren und ihr aufgewecktes Wesen.

Obwohl Kaninchen nicht mehr aus der Reihe unserer Haustiere wegzudenken sind, hat ihre Domestikation doch erst relativ spät stattgefunden. Trotzdem gibt es die Tiere heute in unglaublicher Vielfalt, was ihre Größe, die Haarart, die Farben, den Körperbau und sogar die Form der Ohren betrifft.

Ursprung

Das Europäische Wildkaninchen war ursprünglich auf der Iberischen Halbinsel und dort besonders in den Küstenregionen beheimatet und verbreitete sich auf natürlichem Wege seit dem Altertum bis in unsere Zeiten allmählich immer weiter über Europa. Die Römer der Antike brachten Wildkaninchen von Spanien nach Italien, wo man sie wie Hasen in so genannten Leporarien zu halten und zu vermehren suchte. Vor allem die neugeborenen Kaninchen galten damals als Delikatesse. In Deutschland und Österreich gewann die Haltung und Zucht der Hauskaninchen erst ab etwa 1870 sichtbar an Bedeutung. Dank der „Hilfe“ des Menschen, der das Wildkaninchen in vielen Ländern ansiedelte, konnte es sich fast über die ganze Erde verbreiten.

Das Leben im Team ist die ursprüngliche Lebensweise der Kaninchen. Zwei Tiere, die sich mögen, kuscheln viel miteinander, helfen sich bei der Körperpflege und unternehmen gemeinsam Entdeckungstouren.

Im Herzen eines Kaninchen wohnen zwei Seelen: Einerseits suchen sie als Fluchttiere oft die Deckung, andererseits sind sie sehr neugierig.

So leben Wildkaninchen

Wildkaninchen leben in Gruppen zusammen, die man Kolonien nennt. Sie halten sich meist an einem Ort auf und bauen dort verzweigte Höhlensysteme, wenn die Bodenbeschaffenheit dies zulässt. Jedes Tier hat seine eigene Wohnhöhle. Das Leben in der Kaninchengruppe ist streng hierarchisch aufgebaut und die Beziehungen untereinander werden mit Hilfe des komplexen Sozialverhaltens geregelt. In den seltenen Fällen eines Streits kommen aber auch Krallen und Zähne zum Einsatz.

Tierischer Steckbrief

Das Europäische Wildkaninchen (*Oryctolagus cuniculus*), die wilde Stammform aller unserer Hauskaninchen, gehört zur Ordnung der *Lagomorpha*, der Hasentiere, deren Charakteristikum die hinter den oberen Schneidezähnen liegenden Stiftzähne sind. Die Ordnung enthält über 50 wilde Arten und wird in die zahlenmäßig kleine, mit verhältnismäßig kurzen runden Ohren versehene Familie der Pfeifhasen und die Familie der Hasenartigen, zu der auch unser Feldhase und unser Wildkaninchen gehören, unterteilt. Die Hasentiere kommen fast weltweit vor. Nur die Arktis, Australien und Neuseeland haben sie auf natürliche Weise nicht erreicht. In Australien wurde das Kaninchen ausgesetzt und ohne natürliche Feinde bald zu einer Landplage, was schlimme Folgen für das australische Ökosystem hatte.

SMART

Keine Nagetiere

› **Kaninchen** werden oft als Nagetiere bezeichnet. Grund dafür sind wahrscheinlich ihre ständig nachwachsenden Zähne. Trotzdem gehören Kaninchen zoologisch betrachtet nicht zu den Nagetieren.

Fazinierende Fähigkeiten

Kaninchen wurden von der Natur bestens ausgestattet, um sich ihrem Lebensraum anzupassen. Auch unsere Heimtiere besitzen noch diese Fähigkeiten.

Sinnesleistungen

Diese geben wichtige Anhaltspunkte für den Umgang mit Kaninchen.

- **Gehör:** Mit ihren trichterförmigen Ohren können Kaninchen sehr gut hören, zumal die Ohrmuscheln unabhängig voneinander gedreht werden können, so dass ein Hörfeld von 360° entsteht. Auch leiseste Laute lassen sie aufhorchen. Bei Widderkaninchen ist die Hörfähigkeit auf Grund der Hängeohren herabgesetzt.
- **Geruchssinn:** Die Kaninchennase ist mit 100 Millionen Riechzellen ausgestattet und die Nasenflügel sind beweglich. Der Geruchssinn ist vor allem für die Reviermarkierung und die Kommunikation in der Gruppe wichtig (Seite 10).
- **Sehvermögen:** Als typisches Fluchttier besitzen Kaninchen durch ihre großen,

Kaninchen sind wahre Sprungkünstler. Ihre kräftig bemuskelten Hinterläufe geben ihnen den nötigen Schub für diese atemberaubenden Sprünge. Die flinken Tiere bringen es auch auf beachtliche Geschwindigkeiten.

seitlich am Kopf sitzenden Augen ein verhältnismäßig weites Gesichtsfeld, das besonders für ihren Schutz vor der großen Zahl natürlicher Feinde in der freien Wildbahn wichtig ist. Untersuchungen haben ergeben, dass Kaninchen zwischen Grün und Rot unterscheiden können. Ein besonders ausgeprägtes Farbempfinden liegt aber sicherlich nicht vor. In der Dämmerung ist das Sehvermögen recht gut.

- **Tastsinn:** Die Tasthaare (Schnurrhaare oder Vibrissen) befinden sich in der seitlichen Umgebung von Mund und Nase. Mit ihrer Hilfe ist auch im Dunkeln eine Orientierung möglich: Das Kaninchen kann feststellen, ob es durch Öffnungen hindurchpasst oder ob Hindernisse vorhanden sind.
- **Geschmack:** Er ist beim Kaninchen sehr gut und besser als bei vielen anderen Tierarten entwickelt. Kaninchen sind im Stande süß, sauer, bitter und salzig voneinander zu unterscheiden. Sie lassen sich aber von bitterem Geschmack nicht abschrecken, deswegen stehen auch alle oberirdischen Teile des Löwenzahns ganz oben auf dem Speiseplan.

Während Hasen als Einzelgänger leben, sind Wildkaninchen in Kolonien organisiert. Auch unsere Hauskaninchen brauchen Artgenossen.

Anatomisches

Kaninchen werden häufig als Hasen bezeichnet – kein Wunder – äußerlich ähneln sie sich sehr. Doch es gibt deutliche Unterschiede zwischen Wildkaninchen und Feldhasen.

- **Tragzeit:** Beim Kaninchen beträgt sie im Schnitt 31, beim Hasen 40 bis 42 Tage.
- **Zahl der Jungtiere pro Wurf:** Beim Kaninchen im Schnitt 4 bis 8 Junge, beim Hasen 1 bis 3, selten 4, meist 2.
- **Jungtiere bei der Geburt:** Kaninchenbabys sind klassische Nesthocker (Seite 58), Hasennachwuchs zählt zu den Nestflüchtern, die bei der Geburt bereits sehen und hören können und behaart sind.
- **Körpermasse:** Wildkaninchen wiegen etwa 1,5 bis 2 kg, Feldhasen 5 bis 6 kg.
- **Körperbau:** Kaninchen wirken eher gedrungen, ihre Ohren sind kürzer als der Kopf und die Länge von Vorder- und Hinterläufen unterscheidet sich nicht so sehr wie beim Hasen, dessen Hinterläufe viel länger als die Vorderläufe sind. Sein Körperbau ist ebenfalls länger und gestreckter. Kaninchen und Hasen können sich nicht paaren.

Kaninchen-like

Bei allen Gemeinsamkeiten, die Kaninchen besitzen, darf man nicht vergessen, dass es auch bei diesen Tieren verschiedene Charaktere gibt.

So sind Kaninchen

Kaninchen geben nur bei höchster Erregung oder starken Schmerzen Schreie von sich. Ansonsten sind sie als Fluchttiere sehr stille Gesellen. Gelegentlich lassen sie bei Ärger oder als Warnung kurze, schnell aufeinander folgende, knurrende Laute hören. Auch Fauchen unmittelbar vor einem Angriff kommt gelegentlich vor. Jungtiere können, wenn sie sich in irgendeiner Weise unwohl fühlen, z.B. hungrig sind, ihnen kalt ist oder sie ihre Mutter rufen, ein Fiepen von sich geben.

***Buddeln** gehört zum natürlichen Verhaltensrepertoire der Kaninchen, auch die kleinen Zwerge tun dies mit großem Eifer.*

- **Markieren:** Düfte spielen bei Kaninchen eine große Rolle. Unter dem Kinn liegende Drüsen bilden eine für den Menschen geruchlose wässrige Substanz, die die Kaninchen an Gittern, Tränkflaschen, Futternäpfen und anderen markanten Gegenständen ihres Revieres abstreifen. Besonders Rammler markieren viel, bei Häsinnen sind diese Drüsen schwächer ausgebildet. Über Kot, Harn und paarige Duftdrüsen in der Analregion werden ebenfalls Markierungsdüfte mit dem typischen Kaninchengeruch ausgeschieden. Diese dienen dem gegenseitigen Erkennen der Tiere.

Vielfalt der Farben und der Behaarung

Es gibt eine große Zahl verschiedener Kaninchenrassen, die nach ihrem Haarkleid und ihrer Größe unterteilt werden. Einige werden auf den folgenden Seiten vorgestellt. Nach ihrer Größe und Körpermasse werden sie eingeteilt in:

- Große Rassen
- Mittelgroße Rassen

- Kleine Rassen
- Zwergrassen
- **Zu den Zwergrassen** gehörte ursprünglich nur das Hermelinkaninchen, das unpigmentiertes Haar, Haut und Krallen aufweist, also wie wir landläufig sagen, weiß gefärbt ist. Dabei wird von Hermelin „Rotaugen“ und Hermelin „Blauaugen“ gesprochen. Die rotäugigen Hermelinkaninchen sind Albinos, deren Iris in den Augen kein Pigment enthält und sie von den Blutgefäßen im Augenhintergrund rot erscheinen. Bei den blauäugigen Hermelinkaninchen handelt sich um Leucisten, das heißt Tiere, deren Haut, Haarkleid und Krallen unpigmentiert sind, nur deren Augen besitzen Pigment.

Kaninchen besitzen ein enormes Sprungvermögen. Das werden Sie merken, wenn sie beim Freilauf ohne Probleme auf ihre Möbel hüpfen.

SMART

Glänzender Auftritt

› **Bei Satinkaninchen** entspricht das Haarkleid in der Länge im Prinzip dem der Normalhaarkaninchen (Seite 13). Durch Mutation sind die Haare jedoch dünner und feiner, und so entsteht eine besondere Haarstruktur, die sich vor allem durch einen spezifischen Glanz charakterisiert. Es gibt bereits verschiedene Satinfarben, z. B. Elfenbein, Rot und Blau.

- **In den vergangenen Jahren** züchtete man dann Zwergkaninchen in den verschiedensten Farben. Sie werden Farbenzwerge genannt.
- **Bei den Langhaarkaninchen** ist das Haarkleid deutlich verlängert. Dabei werden zwei Typen unterschieden. Bei den Fuchskaninchen entspricht das Verhältnis der Grannen- zu den Wollhaaren dem des Wildkaninchens, beide sind nur entsprechend verlängert. Beim Angorakaninchen ist das Haarkleid nicht nur erheblich verlängert, das Wollhaar überwiegt das Grannenhaar in der Dichte. Das Fell ist feiner und weicher und pflegeaufwändiger.
- **Rexkaninchen** vermitteln beim Anfassen einen plüschartigen Eindruck. Rexkaninchen gibt es in den verschiedensten Farben, es kommen immer neue hinzu. Dabei handelt es sich meist um einfarbige Tiere.

Löwenkopfkaninchen

▸ Haarkleid: Sie werden von Liebhabern gern gezüchtet, in Zoofachhandlungen oft angeboten und zählen zu den Zwergen, maximal den kleinen Rassen. Sie haben fast am ganzen Körper ein normales Haarkleid, nur Teile des Kopfes sowie Nacken, zum Teil Schulter und Vorderbrust sind länger behaart.

▸ Besonderheit: Löwenkopfkaninchen sind im Rassestandard nicht anerkannt. In Belgien z. B. gibt es schon seit langem das große Belgische Bartkaninchen, das die gleiche Behaarung zeigt und heute vom Aussterben bedroht ist.

Gescheckte Zwergkaninchen

▸ Zeichnung: Scheckungen kommen in vielen Variationen vor, sowohl bei den steh- als auch hängeohrigen Tieren. Damit ein Schecke als Rassekaninchen anerkannt wird, müssen seine Flecken eine bestimmte, symmetrische Zeichnung wie bei Holländerkaninchen, Englischen Schecken oder unregelmäßige wie bei Dalmatinerkaninchen aufweisen.

▸ Besonderheit: Die meisten angebotenen Schecken sind nicht reinrassig. Für den Kaninchenliebhaber ist sein Tier trotzdem etwas Besonderes.

Widderzwerge

▸ Typisch: Neben der Vielzahl der normal- oder stehohrigen Kaninchenrassen gibt es auch solche mit Hängeohren. Diese sind vergleichsweise deutlich länger und werden am Oberkopf durch eine wulstartige Bildung, die so genannte Krone, miteinander verbunden. Widderkaninchen gibt es in vielen Farben.

▸ Besonderheit: Zwergwidder sind etwas größer und schwerer als die steh- bzw. normalohrigen Kaninchen. Widderkaninchen gelten häufig als ruhiger und friedlicher als ihre Kollegen, die Haltung kann dabei eine Rolle spielen.

Farbenzwerg Schwarz-Loh

▸ Zeichnung: Sie zählen zu den eleganten Vertretern der Farbenzwerge. Ihr Fell ist glänzend und samtig schwarz und markanten Punkten lohfarben (rot) abgesetzt. Diese Bereiche sollen im Idealfall sein: Bauch, Brust, Innenseite der Vorder- und Hinterläufe, Ohr- und Augenränder, Kinn und Nasenregion.

▸ Besonderheit: Lohzwerge werden erst seit relativ kurzer Zeit gezüchtet. Neben den Schwarz-Loh-Kaninchen gibt es auch Tiere, wo das Schwarz durch Braun (Braun-Loh) oder Blau (Blau-Loh), eine gräuliche Farbe, ersetzt wird.

Normalhaarkaninchen

▸ Haarkleid: Dies ist bei Normalhaarkaninchen entsprechend dem der Europäischen Wildkaninchen, was Länge und besonders das Verhältnis der Grannen zu den Wollhaaren entspricht. Die meisten aller bei uns gehaltenen Hauskaninchen gehören zu dieser Rassegruppe .

▸ Besonderheit: Bei den Wildkaninchen besteht jedes einzelne Haar aus drei Farbbändern, der typischen Agutifärbung. Unsere Hauskaninchen gibt es in vielen Farben, einfarbig, gescheckt und in anderen Farbkombinationen.

Farbenzwerg blaucreme

▸ Zeichnung: Dieses Kaninchen ähnelt in der Farbverteilung der Rasse der Japanerkaninchen, bei denen über den ganzen Körper verteilt schwarze und gelbe bis rote, voneinander abgegrenzte Flecken typisch sind. Dieses Tier zeigt verdünnte Farben, also blaue und cremefarbene Fellpartien.

▸ Verwendung: Japanerkaninchen sind eine relativ neue Züchtung, bei der die einzelnen Tiere noch nicht die perfekte Zeichnung besitzen, wie sie der Standard fordert.

Weiße Kaninchen mit blauen Augen

▸ Zeichnung: Bei einer Reihe von Kaninchenrassen gibt es weiße Farbenschläge mit roten oder blauen Augen (siehe dazu auch Seite 11). Beispiele sind Hermelin, weiße Riesen, weiße Widder in den verschiedenen Größen, Weißrex, Weißfuchs und Angora. Manches weiße Kaninchen hat sogar einen Job – im Zylinder eines Zauberers.

▸ Besonderheit: Eine beliebte, ausschließlich blauäugige Rasse ist der Weiße Wiener, der mit den berühmten Blauen Wienern nicht verwandt ist. Beide Rassen entstanden um 1900 in Österreich.

Zwergangorakaninchen

▸ Haarkleid: Sie finden neben den Zwergfuchskaninchen verstärktes Interesse und werden in immer mehr Farben gezüchtet. Dabei sind die kürzer behaarten Körperteile wie Kopf, Ohren (außer den Ohrbüscheln an der Ohrspitze), Pfoten und Schwanz in der Regel dunkler gefärbt als der restliche Körper.

▸ Besonderheit: Mit dem Längerwerden der Haare findet eine Pigmentverdünnung statt. Echte Zwergangoras sind die verkleinerte Ausgabe der großen, zu erkennen an den Haarbüscheln am Ohr – bei diesem Tier nicht sehr ausgeprägt.

Partnerwahl

Damit das Zusammenleben mit Ihren neuen Hausgenossen optimal beginnt und die Harmonie lange währt, sollten Sie sich vorher überlegen, welche Kaninchen gut zueinander und zu Ihnen passen. Mit der richtigen Kombination werden Sie lange Freude an Ihren munteren Untermietern haben.

Gemeinsam sind sie stark

Die Stammform aller unserer in großer Vielfalt gezüchteten Hauskaninchen, das Wildkaninchen, lebt in Kolonien. Diese Tiere graben unterirdische Röhrensysteme und jedes Tier hat seine eigene Wohnhöhle (Kessel). Auch bei der Haltung als Heimtier sollte der natürlichen Sozialstruktur der Tiere entsprochen werden. Schließlich können Kaninchen acht bis zwölf Jahre alt werden und wer kann schon garantieren, sich so lange täglich intensiv mit einem einzeln gehaltenen Tier zu beschäftigen? Da eine spätere Vergesellschaftung aber recht aufwändig ist (Seite 32), sollte der engagierte Kaninchenhalter vorausdenken und zwei Tiere bei sich aufnehmen.

Warum zwei Kaninchen?

Zwei Tiere kuscheln und unternehmen viel zusammen und „helfen" sich gegenseitig bei der Körperpflege. Wollen Sie auf diesen Anblick verzichten?

Nur in Gesellschaft von Artgenossen können Kaninchen die ganze Bandbreite ihres natürlichen Sozialverhaltens ausleben und ihre Talente zeigen.

Sie müssen kein schlechtes Gewissen haben, wenn die Tiere tagsüber während Ihrer Abwesenheit allein sind.

Einzeln gehaltene Weibchen verhalten sich ihren Menschen gegenüber manchmal aggressiv.

Einzeln gehaltene Männchen (Rammler) werden manchmal träge, oder Menschen gegenüber aggressiv.

Pärchen oder Kumpel

Gleichgeschlechtliche Kaninchen vertragen meist maximal bis zur Geschlechtsreife, dann kann es zu heftigen Rangeleien und Kämpfen kommen. Auch die Kastration garantiert nicht immer den Frieden.

- **Manchmal** vertragen sich Mutter und Tochter dauerhaft, wenn der Nachwuchs seit der Geburt nicht von der Mutter getrennt wurde.
- **Ein Pärchen** ist die beste Kombination, dann aber ist Nachwuchs vorprogrammiert – nicht umsonst heißt es: „...vermehrt sich wie ein Kaninchen."

Kinder haben viel Freude an ihren Kaninchen, wenn die Eltern ihnen den richtigen Umgung und die Bedürfnisse der Tiere erklären.

▸ **Ideal** ist die Kombination von einem Weibchen mit einem kastrierten Böckchen. Dann muss weder mit Nachwuchs gerechnet werden noch gibt es Streitigkeiten.

Eine Frage des Alters

Wenn Sie zwei junge Kaninchen bei sich aufnehmen wollen, sollten diese mindestens acht Wochen alt sein. Früher sollten die Jungen nicht von der Mutter weg, da sie wichtiges Sozialverhalten lernen und länger Milch erhalten. Da Kaninchen eine relativ hohe Lebenserwartung haben, können für einen Anfänger zwei unproblematische Tiere, deren Charaktereigenschaften den bisherigen Betreuern schon durch Beobachtung bekannt sind, eine gute Wahl sein (Kasten rechts).

Kaninchen und Kinder

Der „Kuschelfaktor" von Zwergkaninchen ist extrem hoch und es gibt wohl kaum ein Kind, das sich nicht ein solches wünscht. Doch Kaninchen sind keine Plüschtiere und können mit ihren Krallen und Zähnen sehr deutlich mitteilen, wenn ihnen etwas nicht passt. Aus diesem Grund sollten sich Kinder unter sechs Jahren nicht ohne Aufsicht mit den Tieren beschäftigen. Mit etwa zehn oder zwölf Jahren können verantwortungsvolle Kinder jedoch schon ihre Kaninchen versorgen, wenn die Eltern die Pflege überwachen und ihrem Nachwuchs die Umgangsregeln mit den Tieren ausführlich erläutern (Seite 28).

SMART

Dream-Team

- **In Tierheimen** gibt es Kaninchen jeden Alters, vieler Größen und Farben und die Böckchen sind fast immer kastriert.
- **Bestimmt** finden Sie dort zwei Kaninchen, die „gute Freunde" und bereits zahm sind.

Zwergkaninchen kaufen, worauf kommt es an?

Der Kauf Ihrer Kaninchen ist eine wichtige Angelegenheit, schließlich wählen Sie dabei Ihre kleinen Mitbewohner aus, die vielleicht zehn oder zwölf Jahre bei Ihnen leben werden – nehmen Sie sich dafür ausreichend Zeit.

Vor dem Kauf sollte man die zur Auswahl stehenden Kaninchen unbedingt eine Zeit lang beobachten. Ein gesundes Kaninchen hat ein glattes, glänzendes, dem Körper anliegendes Haarkleid. Eine Ausnahme bilden hierbei allerdings einerseits Langhaarkaninchen und andererseits Rexkaninchen. Gesunde Kaninchen hoppeln interessiert durch ihren Käfig, nehmen in vielfältiger Weise an ihrer Umwelt Anteil und auch immer wieder Nahrung auf. Natürlich ruhen sie auch zwischendurch. Dabei strecken sie sich meist mehr oder weniger oder legen sich sogar auf die Seite. Hocken Kaninchen mit gesträubtem Haarkleid in einer Ecke, ist dies in der Regel ein Krankheitsanzeichen. Wenn sich ihr Betreuer nur wenig mit ihnen beschäftigt hat, sind Kaninchen oft schreckhaft.

1

▲ **Alter:** Junge Kaninchen sollten nicht unter acht Wochen in den Handel kommen. Leider werden oft auch nicht reinrassige Zwerge zum Teil wesentlich jünger angeboten, damit sie noch besonders klein und ihre Ohren dementsprechend kurz wirken. Darauf sollten Sie achten. Bei jungen Widderzwergen gibt es eine Besonderheit: Die Ohren stehen anfangs aufrecht wie bei den „normalohrigen" Kaninchen, erst später hängen sie herunter. Dabei kann ein junges Tier vorübergehend ein Steh- und ein Hängeohr aufweisen. Bei Kreuzungstieren kann das ein Leben lang so bleiben. Im Tierheim gibt es oft Kaninchen aller Altersstufen, teilweise auch echte Rassetiere und vor allem bereits kastrierte Böckchen oder Tiere, die bereits Freunde sind, was eine Vergesellschaftung einfacher macht oder sogar erspart.

2

Körperbau ◂ Viele im Zoofachhandel angebotenen Zwergkaninchen sind keine echten Zwerge, sondern Kreuzungen zwischen Zwergkaninchen und Vertretern kleiner Kaninchenrassen. Reinrassige Tiere sind dadurch charakterisiert, dass sie einen sehr gedrungenen Körperbau aufweisen und einen relativ großen, runden Kopf mit so genannter Ramsnase. Die großen Augen treten verhältnismäßig weit hervor. Ein sicheres Zeichen dafür, dass man ein echtes Zwergkaninchen erwirbt, sind die besonders kurzen Ohren (Seite 65). Ein erwachsener Zwerg wiegt zwischen 600 und 1500 g. Als Idealgewicht gelten jedoch etwa 1100 bis 1250 g. Garantiert echte Zwergkaninchen bekommen Sie bei seriösen Züchtern.

Gesund ▸ Keinesfalls dürfen sich an den Augen Ausfluss oder Verklebungen zeigen. Beidseitig veränderte Augen sind oft Anzeichen einer infektiösen Erkrankung. Besonders auf Niesen, Ausfluss oder Verklebungen der Nase ist zu achten. Entzündete Veränderungen und Schorf am äußeren Ohr sind meist untrügliche Hinweise auf einen Milbenbefall. Unbedingt sollte auch das Fell einmal sanft gegen den Haarstrich gestrichen werden. Bedenklich sind entzündliche Veränderungen der Haut, Schorf, Borken oder Ektoparasiten. Verklebungen im Afterbereich weisen auf Durchfall hin, entsprechende Verschmutzungen aber auf unsaubere Haltung.

3

4

Gut beraten ◂ Kaufen Sie Ihre künftigen Hausgenossen nur dort, wo die Tiere auch artgerecht untergebracht sind. Wichtige Kennzeichen dafür sind große Gehege mit ausreichenden Versteckmöglichkeiten. Neben frischem Wasser muss den Tieren ständig Heu zur Verfügung stehen. Auf keinen Fall darf es dort durchdringend und unangenehm riechen, bei einer sauberen Haltung kommt das nicht vor. Die Kaninchen sollten nach Geschlechtern getrennt angeboten werden und der Verkäufer Sie ausgiebig und kompetent beraten, ohne Ihnen ein Tier „andrehen" zu wollen. Zu einem guten Service gehört es auch dazu, dass der Verkäufer Ihnen anbietet, bei eventuell auftretenden Problemen zu helfen.

Aktiv im Team

Lebensraum für kleine Entdecker

Kaninchen sind aktive und bewegungsfreudige Tiere. Ihre Unterkunft spielt eine wichtige Rolle für ihr Wohlbefinden, schließlich verbringen sie die meiste Zeit ihres Lebens darin. Nur in einem ausreichend großen Gehege können sie ihr liebenswertes Wesen entfalten und zeigen, welche Talente in ihnen schlummern.

Es gibt verschiedene Möglichkeiten, Ihre neuen Mitbewohner unterzubringen. Bei der Haltung in einem Zimmerkäfig sollte es möglichst täglich Freilauf haben (Seite 42). Sie können den Tieren auch draußen ein abwechslungsreiches Gehege schaffen.

Innenhaltung

Werden die Kaninchen in der Wohnung gehalten, sollte der Käfig eine Grundfläche von mindestens 140 x 70 cm und eine Höhe von etwa 60 cm besitzen, damit wenigstens einige kleiner Hopser möglich ist und die Zwergkaninchen sich auch aufrichten können. Sind Ihre Kaninchen keine echten Zwerge, sollte der Käfig noch größer und höher (!) sein. Auf jeden Fall gilt: Je mehr Platz Kaninchen zur Verfügung haben, desto fitter sind sie.

Die richtige Kaninchenwohnung

Der Käfig sollte aus einer Kunststoffwanne mit einem Gitteraufsatz bestehen. Die Bodenwanne sollte mindestens 15 cm hoch sein, damit beim Scharren nicht die ganze Einstreu hinausgeschleudert wird.

Wählen Sie möglichst einen Käfig mit mehreren großen Türen, das erleichtert Ihnen die Reinigung und das Herausnehmen der Zwergkaninchen.

Ungeeignet sind Käfigmodelle mit Plastikdeckel, auch wenn dieser Löcher besitzt: Die Luftzirkulation ist darin ungenügend, was Krankheiten begünstigt.

Achten Sie bei einem selbstgebauten Gehege darauf, dass es keine Verletzungsquellen gibt, beispielsweise überstehende Nägel, Draht oder Holzsplitter.

Standort

Wählen Sie den Käfigstandort mit Bedacht aus, das ist notwendig, damit die Tiere gesund bleiben.

- **Tageslicht** ist wichtig, der Käfig darf aber nicht in der prallen Sonne stehen: Ein Teil des Käfigs muss immer ausreichend beschattet sein. Auch ein Häuschen reicht als Schattenspender allein nicht aus, da sich darin die Wärme erheblich stauen kann.
- **Zu warm** ist es auch direkt neben Heizkörpern oder Öfen, dort sollte der Käfig nicht stehen. In der Wohnung hält man Kaninchen am besten bei Temperaturen

zwischen 10 und 20 °C.

▸ Frischluft muss sein! Zugluft ist allerdings schädlich. Zu trockene Luft, wie wir sie in der Nähe von Heizungen in der kühleren Jahreszeit in der Wohnung finden, führt zu einer Reizung der Atemwege des Kaninchens. Zu hohe Luftfeuchtigkeit ist jedoch ebenfalls schädlich, Kaninchen erkranken unter diesen Bedingungen besonders leicht und oft an Schnupfen. Die optimale relative Luftfeuchtigkeit liegt zwischen 60 und 70 %.

▸ Hektisch und laut sollte es in direkter Umgebung des Geheges nicht zugehen, das stört die Tiere. Allerdings wollen sie auch im Kontakt mit der Familie sein.

Auch das Außengehege sollte abwechslungsreich gestaltet werden, damit die Tiere ihr natürliches Verhalten ausleben können.

SMART

Natur pur

- **Draußen** können Ihre Kaninchen viele spannende Dinge erleben.
- **Gestalten** Sie das Außengehege mit Röhren, Baumstümpfen, Wurzeln und Natursteinen abwechslungsreich.
- **Wichtig** sind auch viele Verstecke, damit die Kaninchen sich bei Bedarf aus dem Weg gehen können (Seite 22).

Außenhaltung

Bei entsprechender Gewöhnung können Kaninchen sogar Minusgrade vertragen und draußen leben. Dies ist sicher die artgerechteste Haltung von Kaninchen. Auf einer Fläche von etwa 7 m² fühlen sich zwei Tiere wohl. Praktisch ist ein großes, von allen Seiten, auch von oben und unten mit Kaninchengittern geschütztes Gehege. Voraussetzung für die ganzjährige Außenhaltung sind die teilweise Überdachung des Geheges und eine gut isolierte, mit Hobelspänen und darüber Stroh gepolsterte Mehrkammer-Schutzhütte. Ideal ist es, wenn man dieses Gehege immer wieder auf frisches Gras versetzt, das die Tiere durch das Bodengitter hindurch abweiden können. Langhaarige, alte und kranke Tiere

Zubehör

Gestalten Sie das Kaninchenheim möglichst interessant, damit die Tiere auch darin Beschäftigung haben.

Gehegeeinrichtung

Verwenden Sie für die Einrichtung keinen Kunststoff. Wenn die Kaninchen daran knabbern und Stücke davon fressen, kann das zu schweren Erkrankungen führen.

▸ **Als Einstreu** verwenden Sie am besten eine mindestens 5 cm dicke Schicht staubarme Kleintierstreu aus dem Zoofachhandel. Das saugt die Ausscheidungen der Tiere zuverlässig auf, zusätzlich können sie darin buddeln. Wegen der hohen Staubgefahr und der damit verbundenen Reizung der Atemwege sollten Sie niemals Torfmull verwenden. Auf die Einstreu kommt noch eine Lage Stroh.

▸ **Eine Futterraufe** sorgt dafür, dass ständig gutes Heu zur Verfügung steht. Diese sollte möglichst von außen am Gitter zu befestigen sein oder eine Abdeckung haben.

▸ **Je ein Häuschen** muss pro Tier bereitgestellt werden. Für Zwergkaninchen reicht eine Größe von 30 x 40 cm aus, größere Tiere brauchen auch größere Häuschen. Wählen Sie am besten Häuschen, die keinen Boden besitzen, dieser ist nur schwer sauberzuhalten. Flache Modelle haben im Gegensatz zu „Spitzdachvarianten“ obendrauf noch Aussichtsplätze für die Kaninchen.

▸ **Zusätzliche Verstecke** bieten Holzetagen, die mit Unterlegscheiben und Schrauben von außen am Gitter befestigt werden, sowie Korkröhren.

▸ **In einer Trinkflasche** bleibt das Wasser für die Kaninchen immer schön sauber. Die Flasche sollte von außen am Gitter befestigt werden können, das erleichtert Reinigung und Auffüllen.

▸ **Schwere Näpfe** aus Ton oder Keramik eignen sich prima, um den Tieren darin das Frischfutter anzubieten, damit es nicht durch die Einstreu oder Ausscheidungen verschmutzt wird.

▸ **Als Toilettenkiste** können Sie beispielsweise eine Katzentoilette verwenden,

Diese Schlafmütze macht es sich auf dem Kuschelkissen bequem. Man muss aber darauf achten, dass die Tiere die Kissen nicht anknabbern.

wenn die Tiere Plastikmodelle nicht anknabbern. Wenn Sie diese Kiste in die Ecke stellen, wo die Kaninchen üblicherweise ihr „Geschäft" verrichten, erleichtert ihnen das die Reinigung des Geheges (Seite 46). Verwenden Sie keine Katzenstreu zum Füllen, diese kann zu Erkrankungen führen, sondern einfach normale Kleintierstreu aus Hobelspänen. Das Kistchen wird leichter akzeptiert, wenn Sie etwas vom eigenen Kot der Kaninchen hineinlegen.

▸ Zum Beknabbern können Sie Wurzeln, Korkröhren, Rinde und Zweige in das Gehege legen. Ungefährlich sind Äste von Apfel- und Birnbäumen, Haselnuss, Birke, Linde, Esche und Erle. Nicht verwenden dürfen Sie Steinobst, das kann zu Verdauungsproblemen führen. Achten Sie darauf, dass sie nicht mit Ausscheidungen anderer Tiere verunreinigt sind und nicht an Bäumen wachsen, die mit Schädlingsbekämpfungsmitteln gespritzt wurden oder an einer viel befahrenen Straße stehen. Am besten spülen Sie sie vorher mit reichlich lauwarmen Wasser ab.

Häuschen sollten immer aus Naturmaterialien bestehen, die von den Kaninchen auch unbedenklich angeknabbert werden können.

▸ Ein Naturstein, ein Ziegelstein oder eine Schieferplatte im Gehege wird von vielen Kaninchen gern als Aussichtspunkt oder Ruheplatz genutzt und bietet im Sommer zusätzlich Kühlung. Außerdem hilft das harte Material, die Krallen der Tiere auf natürliche Weise abzunutzen.

▸ Große Tonröhren sind ebenfalls bei Kaninchen sehr beliebt und dienen als Versteck und als Ausguck.

Aus der Kaninchen-Perspektive

Sie sollten sich bei der Einrichtung des Kaninchenheims vorstellen, wie die Tiere ursprünglich leben und versuchen, ihnen dazu spannende Alternativen zu bieten und das Gehege interessant einzurichten. Stellen Sie aber nicht zu viele Gegenstände hinein, die Tiere sollen noch Platz haben, sich zu bewegen.

Abenteuerlandschaft

Kaninchen sind schlaue Kerlchen und in einer eintönigen Umgebung wird ihnen schnell langweilig. Mit etwas Phantasie können Sie Ihren Tieren viel Abwechslung bieten und werden dadurch noch mehr Freude mit und an ihnen haben.

Spaß im Freien

In der warmen Jahreszeit sollten auch in der Wohnung gehaltene Kaninchen im Freien Abenteuer erleben dürfen. Achten Sie aber unbedingt darauf, dass sie langsam an Temperaturschwankungen und frisches Gras gewöhnt werden, weil dies noch sehr eiweißreich ist! Ideal ist ein mobiler Gitterfreilauf aus dem Zoofachhandel oder ein aus Holzrahmen und mit Gittern bespanntes, selbst gebautes Gehege. Unbedingt

Das mobile Freilaufgehege ist eine praktische Möglichkeit, um Stubenhockern den Aufenthalt im Freien zu ermöglichen. Es ist auch unterseits mit Gitter gesichert, durch das aber Gras wachsen kann.

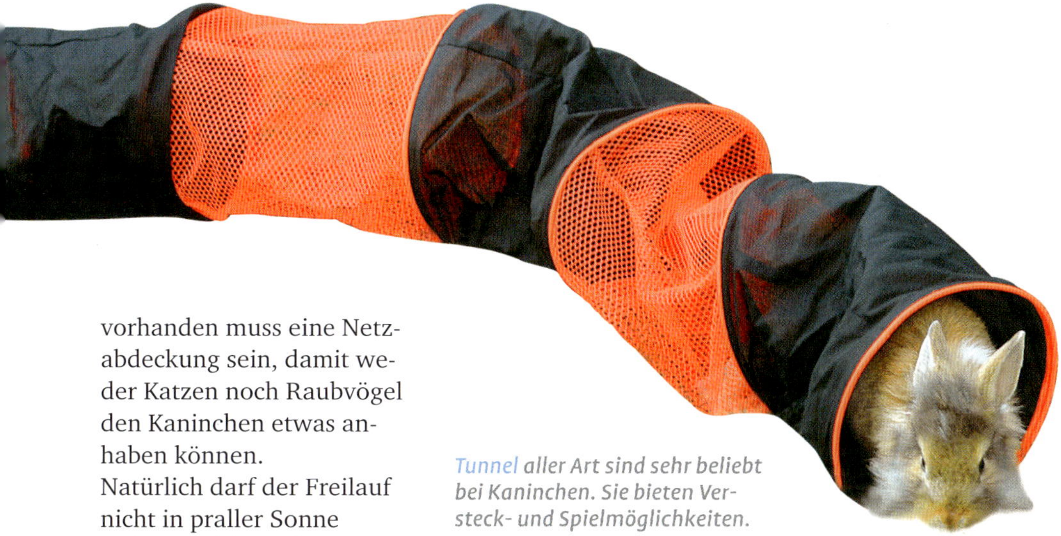

Tunnel aller Art sind sehr beliebt bei Kaninchen. Sie bieten Versteck- und Spielmöglichkeiten.

vorhanden muss eine Netzabdeckung sein, damit weder Katzen noch Raubvögel den Kaninchen etwas anhaben können.
Natürlich darf der Freilauf nicht in praller Sonne stehen und bei Schattentemperaturen ab 35 °C sind die Tiere besser innen aufgehoben. Auch Wasser und Versteckmöglichkeiten müssen den Tieren immer zur Verfügung stehen.

SMART

Gut beschützt

- **Ihre Neugier** und ihr Spieltrieb können die Kaninchen in gefährliche Situationen bringen.
- **Im mobilen Auslauf** dürfen die Tiere sich deswegen nur unter Ihrer Aufsicht aufhalten, sonst können sie leicht ausbüxen.
- **Auch beim Spielplatz** ist Ihr wachsames Auge wich tig, damit der Spaß ungetrübt bleibt.

Kaninchen-Spielplatz

Ob draußen im „Urlaubsgehege“, der ständigen Freiluftunterkunft oder dem Freilauf in der Wohnung, Sie können Ihren neugierigen Kaninchen einen spannenden Spielplatz zur Erkundung anbieten.
▸ Kartons aus unbedruckter Pappe bieten tolle Möglichkeiten für die kleinen Abenteurer. Schneiden Sie einfach große Öffnungen in mehrere Kartons und stellen Sie diese nebeneinander, bis eine Labyrinth- oder Höhlenlandschaft daraus entsteht. Darin können die Kaninchen sich verstecken und und nach Herzenslust Fangen spielen. Noch spannender wird es, wenn Sie die Kartons mit unterschiedlichen Materialien füllen, einen z. B. mit Heu, den anderen mit trockenem Laub (Seite 37) und einen mit Papierschnipseln.
▸ Tunnel haben eine magische Anziehungskraft auf Kaninchen. Im Zoofachhandel werden für Zwergkaninchen z. B. Stofftunnel angeboten. Doch auch mit Decken oder alten Handtüchern, die über einen Korb gelegt werden, haben die Tiere viel Spaß. Achten Sie aber darauf, dass die Kaninchen die Stoffe nicht anknabbern und Teile davon fressen oder sich Fäden um deren Läufe schnüren.
▸ Bei Buddelplätzen, die z. B. mit alten Betttüchern gefüllt sind, gilt das ebenfalls. Noch mehr freuen sich die Tiere aber über mit Erde gefüllte Buddelkisten.

Freundschaft schließen

Nachdem Sie alle Vorbereitungen abgeschlossen haben und das Kaninchenheim nun fix und fertig eingerichtet ist, steht der große Tag bevor – die neuen Hausgenossen ziehen ein. Für Sie und die Kaninchen beginnt nun eine Zeit des Kennenlernens und der behutsamen Annäherung.

Für den Heimweg sollten Sie die Kaninchen in einer stabilen Transportbox unterbringen. Die Größe sollte sich an der für Katzen orientieren und die Kiste von oben zu öffnen sein. Mit Einstreu und viel Heu wird sie gemütlich ausgepolstert. Für längere Fahrten können Sie den Kaninchen wasserhaltiges Futter wie Gurke in der Box anbieten, auf kurzen Strecken ist das nicht nötig. Achten Sie darauf, dass die Tiere auf ihrer großen Reise weder Hitze, Kälte, Nässe oder gar Zugluft ausgesetzt sind und wählen Sie den kürzesten Weg nach Hause.

Ruhe muss sein

Zuhause angekommen, stellen Sie die Transportbox in das Gehege und lassen die Kaninchen selbst entscheiden, wann sie sich hinaus wagen wollen. Dann sollten die Tiere für einige Zeit sich selbst überlassen bleiben. Zunächst werden sich die Kaninchen wahrscheinlich

Die Anwesenheit vertrauter Artgenossen gibt den Kaninchen auch in einer ungewohnten Umgebung Sicherheit und Geborgenheit. Nehmen Sie möglichst zwei Tiere bei sich auf, die sich bereits kennen.

Ungezuckertes Apfelmus kann die Kontaktaufnahme erleichtern – aber den Kaninchen bitte nur in kleinsten Mengen anbieten.

erst einmal in eine Ecke verkriechen, um dann später, wenn sie sich völlig unbeachtet fühlen, ihr neues Zuhause zu erkunden. So schwer es Ihnen und erst recht auch Ihren Kindern fallen mag, auch dann sollten Sie noch nicht versuchen, die Tiere herauszunehmen, da sie sonst gleich wieder verschreckt würden, was die Eingewöhnung nur erschwert.

Die erste Zeit

Vermeiden Sie in den ersten Tagen alle unnötigen Arbeiten am Käfig und beschränken Sie sich darauf, die Tiere zu füttern, frisches Wasser zu geben und groben Schmutz sowie übrig gebliebenes Frischfutter zu entfernen. Nähern Sie sich dabei dem Käfig immer bedächtig und leise. Grundsätzlich müssen Sie darauf achten, Ihre neuen Hausgenossen nicht durch laute Geräusche zu erschrecken. Ein ständiges, leises Zureden, sobald man sich dem Käfig nähert, ist immer sinnvoll. Wenn die Tiere ohne Angst ihre neue Unterkunft begutachten, können Sie sich vor den Käfig in die Hocke setzen und freundlich mit ihnen sprechen. Öffnen Sie nun den Käfig und halten Sie eine Hand hinein, schnuppern die Kaninchen daran, werden sie mit Ihrem Geruch vertraut. Dass sich die Tiere eingewöhnt haben, merkt man daran, dass sie sich nicht mehr scheu in eine Ecke drücken, sobald man sich dem Käfig nähert, sondern sich interessiert zeigen und sich sogar am Gitter aufrichten.

SMART

Charaktersache

- **Scheue Gesellen** gibt es auch bei Kaninchen und einige Tiere brauchen länger, um Kontakt zu Ihnen aufzunehmen.
- **Sehen** Sie es als Herausforderung, das Vertrauen dieser scheuen Tierchen zu gewinnen.

Umgangsregeln im Miteinander

Sind erste Freundschaftsbande geknüpft, liegt es an Ihnen, wie sich die weitere Beziehung zu Ihren Kaninchen gestaltet. Wenn Sie einige grundlegende Umgangsregeln beachten, werden Sie viel Freude mit Ihren Tieren haben.

Richtig anfassen und hochheben

Kaninchen werden nicht gern hochgenommen, beim Hochheben und Tragen fühlen sie sich sehr unsicher. Man fängt sie am besten, wenn man ihnen sehr ruhig zuredet, sie möglichst auch streichelt und vorsichtig in eine Ecke des Käfigs drängt, um sie dort zu erfassen. Dann greift man mit der einen Hand in das lockere Nackenfell. So schnell wie möglich fasst die andere Hand unter das Hinterteil des Tieres, das man dann leicht und vorsichtig gegen die eigene Brust hält. Dabei bemüht man sich gleichzeitig auch, so weit wie möglich die Hinterbeine des Kaninchens festzuhalten. Sie müssen immer bedenken, dass das Wegspringen der anfangs oft sehr scheuen Kaninchen zu ernsten Problemen führen kann, da ihre Wirbelsäule und Hinterläufe besonders empfindlich sind und durch einen Sturz Lähmungen und schwere Brüche entstehen können. Deswegen ist es so wichtig, einerseits so beherzt zuzugreifen, dass das Tier nicht hinunterspringen kann, andererseits so sanft zuzupacken, dass man ihm nicht weh tut oder es womöglich quetscht. Wenn Sie das Kaninchen richtig festhalten, kann es sich weder freistrampeln noch kratzen.

Das Hinterteil muss beim Hochheben immer gestützt werden, sicherer ist es aber, das Kaninchen außerdem im Nackenfell festzuhalten.

Zwergkaninchen-Knigge

Als typische Fluchttiere sind Kaninchen immer auf der Hut vor Feinden. Darauf müssen Sie beim Umgang mit den Tieren Rücksicht nehmen, um sie nicht zu erschrecken.

▸ Bewegungen von oben erinnern Kaninchen an ein Raubtier oder einen Greifvogel, deswegen sollten Sie niemals unvermittelt von oben nach den Tieren greifen – gehen Sie in die Hocke.

Auf diese Weise lassen die meisten Kaninchen, ohne sich zu sträuben, in die Transportbox setzen, wichtig ist das Festhalten der Hinterläufe.

SMART

Freundschaftsgaben

› **Kleine Geschenke** erhalten die Freundschaft. Geben Sie Ihren Kaninchen besondere Leckerbissen öfter einmal aus der Hand, das schafft Vertrauen und stärkt die Bindung zu Ihnen.

› **Belohnungshappen** sind wirksamer, wenn das Tier nicht satt ist. Deswegen nicht direkt nach der Fütterung spielen und vor dem Freilauf nur eine kleine Zwischenmahlzeit anbieten, dann fällt ihm die Rückkehr in den Käfig leichter.

▸ Kündigen Sie sich an, wenn Sie sich dem Gehege nähern, indem Sie die Kaninchen freundlich ansprechen.

▸ Getragen zu werden gefällt Kaninchen gar nicht, Hochnehmen und Tragen sollte nur sein, wenn es einen Grund gibt. Achten Sie bitte auch darauf, dass Kinder die Tiere nicht herumschleppen – Kaninchen sind keine Kuscheltiere, sie können herunterfallen und sich schwer verletzen oder die Kinder heftig kratzen.

▸ Streicheln und halten können Kinder die Tiere, wenn sie sich auf den Boden setzen und die Kaninchen auf den Schoß nehmen. Dann können die quirligen Gesellen sich für alle Seiten ungefährlich „aus dem Staub" machen und davon hoppeln, wenn sie genug haben. Trotzdem müssen Sie den Kindern erklären, dass sie die Tiere nicht zu fest drücken dürfen.

▸ Auf glatte Unterlagen, wie Untersuchungs- und Behandlungstische oder auch den Küchentisch darf man Kaninchen nicht ohne Unterlage setzen, ohne sie sicher im Nacken festzuhalten. Sonst könnten sie hinunterspringen und sich verletzen.

Kaninchen verstehen

Wenn Sie sich intensiv mit Ihren Kaninchen beschäftigen, werden Sie lernen, das Verhalten der Tiere zu deuten. Dadurch bekommen Sie wichtige Hinweise für den richtigen Umgang.

Körperprache

Kaninchen haben ein sehr differenziertes Ausdrucksverhalten, was typisch für Tiere ist, die in freier Natur in Gesellschaft von Artgenossen leben.

- **Da bin ich:** Ihr Kaninchen stupst Sie sanft mit dem Näschen an und möchte Ihre Aufmerksamkeit oder ist bereit für eine Spielstunde. Mag Ihr Kaninchen Sie besonders gern, leckt es vielleicht Ihre Hand, auch weil Ihre Haut leicht salzig schmeckt.
- **Relaxed:** Ihr Kaninchen liegt entspannt im Heu, die Hinterläufe weit von sich gestreckt. Wälzt es sich in der Einstreu, fühlt es sich besonders wohl.
- **Aufmerksamkeit:** Das neugierige Kaninchen sitzt auf den Hinterbeinen und verschafft sich dadurch einen guten Überblick. Wird auch gezeigt, wenn das Tier etwas haben möchte.
- **Unternehmungslustig:** Das Kaninchen hüpft munter durch das Zimmer oder Gehege, schlägt vielleicht auch Haken oder schüttelt den Kopf.
- **Mein Freund:** Genau wie Katzen mit ihren Duftdrüsen im Gesicht, markieren Kaninchen mit einer Duftdrüse am Kinn. Reibt das Kaninchen sein Kinn an Ihnen, will es Sie mit dem Gruppenduft versehen.

Kann man Kaninchen erziehen?

Kaninchen kann man nicht erziehen wie einen Hund. Da sie aber intelligente Tierchen sind, können Sie trotzdem einige Dinge lernen, wenn Sie geduldig vorgehen, viel loben und mit Leckerbissen belohnen.

- **Stubenrein** sind die meisten Kaninchen aber von Haus aus, da sie sich für ihr „Geschäft“ meist eine Ecke aussuchen. So lassen sie

Nehmen Sie dann Rücksicht

Versucht das Kaninchen, Ihre Hand mit dem Maul wegzuschieben oder stößt es mit dem Kopf dagegen, möchte es seine Ruhe haben.

Das Klopfen mit den Hinterläufen zeigt Missmut oder „Gefahr“ an. Beruhigend auf das Tier einreden. Brünftige Häsinnen zeigen häufig dieses Verhalten.

Eine angespannte Körperhaltung und das in die Luft zeigende Schwänzchen oder die angelegten Ohren bedeuten Aufregung und Verteidigungsbereitschaft – das Tier nun in Ruhe lassen.

Als Unterwerfungsgeste wird das „sich-auf-den-Boden-legen“ gedeutet, bei Gefahr können Kaninchen sich zur Täuschung sogar „tot stellen“.

Sehr zahme Kaninchen ***suchen beim Freilauf gern den Kontakt ihrer Menschen, einige folgen sogar auf Schritt und Tritt.***

sich auch an Toilettenschalen, wie sie für Katzen verwendet werden (Seite 22), gewöhnen. Am besten stellt man eine solche Schale an den Kot- und Harnabsetzplatz im Käfig. Bringt man diese und später eine weitere Toilettenschale nach einiger Zeit der Benutzung im Kaninchenkäfig beim Freilauf in eine Ecke des Raumes, wird das Kaninchen diese Toilette meistens auch dort annehmen. Viele Kaninchen suchen beim Freilauf auch wieder den Käfig auf, wenn Sie Harn absetzen müssen. Im Raum verlorene „Bohnen“ sollten aber umgehend aufgesammelt werden. Bei völligem Freilauf des Kaninchens in einem Raum ist es aber auch möglich, dass sich das Kaninchen einen anderen Toilettenplatz sucht. Dort sollte dann die transportable Toilettenschale – unbedingt mit ausreichend Kot versehen! – aufgestellt werden. Es ist zumindest anfangs zur Gewöhnung immer ratsam, entsprechende Kotmengen, meist mit Harn verbunden, in der Schale zu belassen.

SMART

Ganz normal

- **Auch die Zwerge** wissen genau, was sie wollen. Möchte ein Kaninchen Leckerbissen haben, kann es sehr aufdringlich werden und betteln.
- **Geben Sie** trotzdem nichts zusätzlich, das schadet seiner Linie.
- **Wundern** Sie sich nicht, wenn Ihre Kaninchen ihren Kot fressen, das ist völlig normal.
- **Im Blinddarmkot** sind Vitamine, Eiweißbausteine, Spurenelemente und Mineralien enthalten, die das Tier braucht.

Zwergkaninchen vergesellschaften

Die Haltung von Kaninchen in der Gruppe ist artgerechter, als wenn ein Tier allein sein Leben fristen muss und vielleicht nur eine Stunde am Tag die Gesellschaft seines Halters hat. Doch die Zusammenführung der eigenwilligen Tierchen ist nicht immer einfach, es kommt vor allem auf die richtige Kombination an. Wenn Sie Ihrem Tier einen Artgenossen dazugesellen wollen, ist Geduld wichtig.

Hunde und Kaninchen können gute Freunde werden – spielen ohne Aufsicht dürfen aber auch soche guten Kumpel nicht.

Der richtige Partner

Gerade die Vergesellschaftung eines erwachsenen Kaninchens kann sehr schwierig sein. Wenn Sie sich unsicher sind, sollten Sie sich die Unterstützung von erfahrenen Mitarbeitern des Tierschutzes oder Züchters holen. Dort gibt es vielleicht auch die Möglichkeit, sich ein einzelnes Tier seinen künftigen Partner selbst aussuchen zu lassen.

- Je jünger die Tiere sind, desto einfacher wird es mit der Partnerschaft gelingen. Vor allem vor der Geschlechtsreife ist es relativ einfach.
- Als Kombination eignen sich drei Tiere oder ein Pärchen, bei dem der Rammler kastriert ist.
- Weibchen können ganz schöne Zicken sein, deswegen sollte ihnen kein junges und unerfahrenes Männchen, sondern ein gleichalter oder älterer Bock zugesellt werden.
- Revierstreitigkeiten sind der häufigste Grund für Auseinandersetzungen, deswegen sollten die Tiere sich auf neutralem Terrain begegnen. Statten Sie das eingezäunte Gelände mit vielen Versteckmöglichkeiten aus, die viele Ausgänge zur Flucht haben. Verstreuen Sie zur Beschäftigung auch etwas Futter.
- Reiben Sie die Tiere mit der benutzten Einstreu des jeweils anderen Tieres ein, damit sie den gegenseitigen Geruch annehmen.
- Bitten Sie ein weiteres Familienmitglied, bei den Vergesellschaftungsversuchen dabei zu sein, damit

Sie beide bei heftigen Streitigkeiten eingreifen können. Halten Sie dazu dicke Handschuhe bereit.

▸ Die Tiere werden in den Auslauf gesetzt und zuerst meist raufen, um eine Rangordnung auszumachen. Nur wenn es zu ernsthaften Wunden kommt, müssen Sie die Tiere trennen. Starten Sie dann am nächsten Tag einen neuen Versuch.

▸ Besteht Eintracht, können die Tiere zusammen im Zimmer frei laufen. Vertragen sie sich einen ganzen Tag gut miteinender, können sie ihr Gehege beziehen (Kasten unten), beobachten Sie sie dabei.

Eine Vergesellschaftung dauert manchmal Wochen. Vertragen die Tiere sich partout nicht, sollten Sie es mit einem anderen Partner versuchen.

SMART

Wohngemeinschaft

- **Vor dem Einzug** der Kaninchen sollten Sie den Käfig gründlich mit Essigwasser reinigen.
- **Richten** Sie den Käfig neu ein und stellen Sie neue Häuschen und Röhren hinein.
- **Das neue Kaninchen** darf nun als erstes hinein. Kommt es zu heftigen Streitereien: von vorn mit der Vergesellschaftung beginnen.

Andere Tiere

Die Erfahrung zeigt, dass man Kaninchen in der Heimtierhaltung nur mit Meerschweinchen zusammen halten kann. Dabei ist zu beachten, dass unkastrierte Kaninchenrammler und dominante Weibchen manchmal beigesetzte Meerschweinchen zu begatten und sogar zu beißen versuchen. Dabei kann es zu schlimmen Verletzungen kommen und die Gemeinschaftshaltung muss abgebrochen werden. Hält man Meerschweinchen und Kaninchen zusammen, muss ein geräumiges Gehege mit vielen Versteckmöglichkeiten vorhanden sein. Häuschen mit flachem Dach werden dabei gerne von beiden als Aussichtspunkt genutzt. Der Nachteil ist, dass Kot darauf liegen bleibt und es so verunreinigt wird.

▸ Gut erzogene Hunde vertragen sich manchmal mit Kaninchen. Ohne Aufsicht sollte man sie nie mit Hunden zusammen lassen, erst recht nicht mit Katzen!

▸ Große Papageien können die Kaninchen im Spiel beim Freiflug arg verletzen.

Kein Fastfood

Das Wildkaninchen ernährt sich ausschließlich von pflanzlichem Futter. Vorrangig sind das Gräser und Kräuter, im Winter in trockenem Zustand. Weit weniger verzehren Wildkaninchen Rüben oder gar Möhren, Äpfel, Birnen und Ähnliches. Sehr gern benagt das Wildkaninchen dünnere Baumstämme und Zweige und frisst auch deren Blätter.

Im Frühjahr müssen Kaninchen unbedingt langsam an frisches Gras gewöhnt werden.

Grundsätzliches

Vor allem ist zu bedenken: Kaninchen müssen rohfaserreich und nährstoffarm ernährt werden! Über große Teile des 24-Stunden-Tages, das heißt auch nachts, sollten sie kontinuierlich Nahrung zu sich nehmen. Dabei ist es für eine optimale Verdauung wichtig, immer Heu anzubieten – frisches Heu aus dem Garten muss wenigstens sechs Wochen sorgfältig abgelagert sein, ehe es verfüttert wird.

- **Heu** bietet man am besten wie auch frisches Gras und Kräuter in einer Futterraufe an, in die das Kaninchen nicht hineinspringen und damit durch ihren Kot oder Harn das Futter verschmutzen können. Deshalb bringt man über der Raufe am besten eine aufklappbare Holzabdeckung an.
- **Fertigfutter** als Kraft- oder Konzentratfutter, wird meist in wundervollen, verlockenden Verpackungen angeboten. Dieses Futter sollte, wenn überhaupt, nur einen geringen Teil der Nahrung ausmachen, viel besser ist Frischfutter (Seite 36). Egal welches Kraftfutter angeboten wird – pro Kilogramm Körpergewicht des Tieres dürfen höchstens insgesamt 10 g pro Tag gegeben werden – eher noch weniger! Am besten geeignet von allen ist immer noch Hafer. Gleiches gilt auch für die im Handel angebotenen Fertigfuttermittel, die oft die gehaltvollen Sonnenblumenkerne, Leinsamen, ja sogar Rosinen, Nüsse usw. enthalten, an die ein Wildkaninchen in seinem ganzen Lebens kaum je einmal kommt. Altbackenes, das heißt genügend abgelagertes und schimmelfreies Weiß- oder Schwarzbrot, besonders aber Zwieback und Knäckebrot können verfüttert werden. Sie müssen aber ebenso auf die 10 g Kraftfutter pro Kilogramm Körpermasse angerechnet werden.

Wasser

Je mehr trockenes Futter verabreicht wird, umso höher ist der Trinkwasserbedarf. Dieses bieten Sie am besten täglich frisch in einer Trinkflasche an.

Wie die Verdauung funktioniert

Für Kaninchen ist das regelmäßige Verzehren des Blinddarmkotes lebensnotwendig. Besonders nachts geben Kaninchen einen Kot ab, der ganz anders aussieht als die normalen schwarzbraunen, relativ festen Bohnen (österr. Bemmerln). Er wird als Blinddarmkot bezeichnet und ist weicher, heller und mit einem glänzenden Überzug versehen. Dieser Kot enthält in erheblichem Maße lebenswichtige Bakterien, die maßgeblich bei der Verdauung der rohfaserreichen Nahrung sind, da sie in erheblichem Maße Vitamine, besonders die des B-Komplexes, produzieren. So deckt das Kaninchen einen großen Teil seines Bedarfes an den verschiedenen B-Vitaminen in Eigenproduktion über diesen Blinddarmkot. Das Eiweiß, das diese vielen Bakterien enthalten, stellt außerdem eine unentbehrliche Eiweißquelle in der Ernährung des Kaninchens dar.
Ist die Erzeugung dieses Blinddarmkotes in irgendeiner Weise gestört, dann treten schwerwiegende Erkrankungen auf.

Löwenzahn gehört neben anderen frischen Kräutern und Heu zu den wichtigsten Nahrungsmitteln für das Kaninchen.

▸ Kaninchen besitzen einen verhältnismäßig kleinen, dünnwandigen Magen, der bei Überladung, also bei Aufnahme zu großer Futtermengen in kurzer Zeit, ernsten Schaden nehmen kann. Der Darm der Kaninchen besitzt keine Peristaltik, das heißt, keine eigenständige Bewegung. Die Verdauung funktioniert also nur, wenn die Tiere fast ständig fressen, als Grundfutter ist Heu die erste Wahl. Dieses trägt auch dazu bei, dass die lebenslang nachwachsenen Zähne genügend abgenutzt werden.

Fütterungsfehler

Geben Sie den Kaninchen nach dem Einzug bei Ihnen das gewohnte Futter und stellen Sie die Ernährung nur langsam und schrittweise um. Gewöhnen Sie die Tiere immer behutsam an ungewohnte Frischfuttersorten. Snacks und Knabberstangen aus dem Zoofachhandel sind für Kaninchen meistens ungeeignet, da sie zuviel Energie und unbekömmliche Bestandteile enthalten, wie Getreide, Kerne oder gar Zucker und Melasse.

Frisch & knackig

Frischfutter ist unerlässlich, damit Ihre Kaninchen gesund und munter bleiben.

Rohkost hält gesund

Im Sommer sollte immer ausreichend Grünfutter angeboten werden: Gräser, Kräuter, besonders Löwenzahn, Breit- und Spitzwegerich, Schafgarbe, Bärenklau und Vogelmiere. Rot-, Weißklee und Luzerne vor der Blüte aber nur in geringsten Mengen. Steinklee wird grundsätzlich nicht verfüttert, er enthält sehr viel Kumarin, das die Blutgerinnung beeinträchtigen kann.

- Im zeitigen Frühjahr beginnt man allmählich Grünzeug zu verfüttern, damit die Verdauung der Tiere sich langsam auf den höheren Eiweißgehalt einstellen kann. Dazu mischt man zuerst wenig Grünfutter gut verteilt zwischen das Heu. Zwar wird das Kaninchen versuchen, die grünen Hälmchen und Blättchen herauszuzupfen und vorrangig zu verzehren, doch wird nur relativ wenig davon aufgenommen werden. Grünfutter kann unbedenklich regen- oder taunass verfüttert werden. Wenn es nicht sauber genug erscheint, sollten Sie es waschen.
- Bis in den Winter hinein bleibt Vogelmiere (in Österreich als Hühnerdarm bezeichnet) frisch. Sie verträgt auch einige Minusgrade und wird gerne genommen.
- Wenn im Winter, aber auch im Sommer, nicht genügend Grünfutter zur Verfügung steht, können verschiedene Salate (von Blattsalat bis zu Endivien und Schnittsalat) angeboten werden. Zu viel Salat kann jedoch zu Durchfall führen.

Kraut und Rüben

Bei den Kohlarten wie Blumenkohl (österr. Karfiol), Kohlrabi, Rosenkohl (österr. Kohlsprossen) nehmen die Kaninchen nicht nur die Köpfe, sondern auch den Stiel und die Blätter der Pflanze gerne. Weißkraut und Wirsing sollen ebenfalls nur in sehr geringen

Richtig serviert

Sammeln Sie Kräuter und Zweige nicht an vielbefahrenen Straßen, dort ist die Schadstoffbelastung zu hoch. Achten Sie darauf, dass das Frischfutter nicht von Hunden und anderen Tieren verschmutzt ist.

Geben Sie kein Frischfutter direkt aus dem Kühlschrank, das schadet der Verdauung der Tiere.

Achten Sie darauf, nur Frischfutter solch guter Qualität zu geben, wie es auch für Menschen geeignet ist.

Wenn Sie Frischfutter kaufen, sollte es möglichst „bio“ sein, damit es keine Schadstoffe enthält.

Bieten Sie das Frischfutter so an, wie Sie es auch für sich zubereiten würden: gewaschen und ggf. geschält.

Löwenzahn gehört zur Lieblingsspeise der Kaninchen – der etwas bittere Geschmack stört die Tiere überhaupt nicht.

Mengen verabreicht werden, da sie stark blähen. Die verträglichste Kohlart ist Grünkohl, der außerdem einen besonders hohen Vitamin-C-Gehalt besitzt.

Karotten und Co.

Möhren oder Karotten sind einschließlich des grünen Krautes eine besonders beliebte Nahrung bei den Kaninchen. Das gilt auch für die Futterrübe, Gehaltsrübe, Rote Rübe oder Rote Bete. Zuckerrüben sollten wegen des Zuckergehalts nur in vergleichsweise geringen Mengen verfüttert werden, damit die Kaninchen nicht zu dick werden oder Verdauungsstörungen bekommen. Gern genommen werden Maiskolben einschließlich ihrer Blätterumhüllung sowie junge Maispflanzen – wegen der Stärke aber nur in geringen Mengen anbieten. Gesund sind ebenfalls Fenchel, Gurken, Paprika, Tomaten und Zucchini.

Obst

Zwei- bis dreimal in der Woche können Sie Ihren Kaninchen als Leckerbissen etwas Birne, Banane, Kiwi, Melone oder Weintraube anbieten, Apfel täglich. Unreifes Kernobst und Steinobst, wie Kirschen, Pflaumen usw., dürfen aber nicht verfüttert werden.

Die meisten Kaninchen nagen gern an Zweigen, andere müssen sich erst daran gewöhnen. In Rinde und Blättern sind wertvolle Eiweiße sowie Vitamine, Mineralstoffe und Spurenelemente enthalten. Gut sind z. B. Linde, Birke, Esche, Apfel- und Birnbaum, Weide und Haselnuss.

SMART

Frisch und fit

- **Frischfutter** muss nicht immer nur im Napf serviert werden.
- **Verstreuen** Sie es auf Häuschen und Etagen oder stecken Sie es in spezielle Halter aus dem Zoofachhandel, das bringt Abwechslung.

Muntermacher Futterspiele

Wildkaninchen verbringen mehrere Stunden meist nachts oder in der Dämmerung mit der Futtersuche. Auch ihre als Heimtiere gehaltenen Vettern brauchen diese artgerechte Beschäftigung, um fit und munter zu bleiben.

1 ◂ Kaninchen sind sehr clever und lassen sich auch gern zu einem Spiel animieren. Wenn den aufgeweckten Kerlchen anschließend eine leckere Belohnung winkt, lassen sich sogar schüchterne Gesellen beispielsweise zu einer Runde in einem Hindernisparcours animieren. Anfangs sollten Sie es mit einem einfachen Hindernis versuchen. Zur Motivation des künftigen Sportlers eignen sich z. B. prima ein Stück Möhre oder ein kleines Stückchen Apfel.

2 Geduld ▸ ist wichtig, um die Kaninchen zum Überwinden des Hindernisses zu überreden. Einige sind von Anfang an mit Eifer dabei. Loben Sie die Kaninchen viel und üben Sie das Hindernis Schritt für Schritt ein – für jeden Fortschritt gibt es eine Belohnung und aufmunternde Worte. Haben die Kaninchen verstanden, worauf es ankommt, können Sie sie durch einen ganzen Parcours leiten. Seien Sie aber nicht enttäuscht, falls ein Tier keinen Spaß daran haben sollte.

Ein Futterball ▸ ist für viele Kaninchen eine spanndende Sache. Diese Bälle, die es im Zoofachhandel gibt, haben eine Öffnung, über die sie mit Leckerbissen gefüllt werden können. Das Kaninchen muss den Ball nun auf dem Boden herumkullern, damit der begehrte Happen aus der Öffnung herausfällt. Wenn Sie den Tieren den Ball geben, sollten Sie ihnen die ersten Male zeigen, wie er funktioniert. Besonders schlaue Kaninchen werden das Prinzip schnell begreifen, viel Spaß bei der „Futtersuche" haben und ihre Geschicklichkeit zeigen.

3

4

◂ Cleverness ist auch notwendig, um diese „Nuss zu knacken". In die Mitte einer Toilettenpapierrolle werden Leckerbissen gelegt und die Öffnungen mit Heu oder auch unbedruckten Toilettenpapier verstopft. Achten Sie darauf, dass sich kein Klebstoff an der Rolle befindet. Die Kaninchen können nun das Heu oder Toilettenpapier aus der Rolle herausziehen oder diese anknabbern. Als Spielalternative können Sie auch Futter in einem mit Heu, trockenem Laub (z. B. Birke, Seite 37) oder weißen Papierschnipseln gefüllten Karton verstecken. Die Kaninchen sind eine Weile beschäftigt, bis sie das Futter in der Kiste gefunden haben.

Fit mit fun

Seinen Kaninchen Beschäftigung zu bieten und mit ihnen zu spielen, vertreibt nicht nur Langeweile, sondern ist auch eine schöne Möglichkeit, um Zeit mit seinen Tieren zu verbringen und sie besser kennen zu lernen – denn bei der Spielstunde zeigen sie sich von ihrer besten Seite.

Tricks und Co.

Kaninchen lassen sich nicht dressieren wie ein Hund, sie sind eigenständig und zeigen individuelle Charaktereigenschaften. Sie wissen genau, was sie wollen. Doch mit Geduld, Lob und Leckerchen als Motivation können auch Kaninchen eine ganze Menge lernen. Dabei muss aber immer der Charakter der einzelnen Tiere berücksichtigt werden – einige sind mit Eifer bei der Sache, andere wollen lieber in Ruhe mümmeln. Üben Sie nie zu lange an einem Stück, täglich zwei- bis viermal fünf Minuten reichen aus, damit das Tier nicht überfordert wird. Ist ein Kaninchen nicht kooperativ, dürfen Sie es auf keinen Fall zwingen, sondern müssen dann noch mehr Geduld haben oder ihm andere Spielalternativen anbieten. Bestimmt fallen Ihnen noch weitere Tricks als die nachfolgend aufgeführten ein.

Das Zaubern sollten Sie lieber den Profis überlassen – ob die Kaninchen ihren Spaß dabei haben, kann bezweifelt werden. Doch beim Spielen werden die Tiere Sie mit ungeahnten Talenten überraschen.

▸ **Auf den Namen** zu hören trainieren Sie, indem Sie das Kaninchen mit einem Leckerchen zu sich locken. Ist es unterwegs zu Ihnen, sagen Sie seinen Namen, loben und belohnen es dann.

▸ **Männchen machen** entspricht dem natürlichen Verhalten der Kaninchen. Um dies zu fördern, halten Sie ein Leckerchen über das Tier. Wenn es sich aufrichtet, sagen Sie das „Zauberwort", z. B. „auf", loben es und geben anschließend das Leckerchen.

SMART

Alleinunterhalter

- **Haben Sie** einmal keine Zeit, um sich mit ihren Kaninchen zu spielen, können sie sich auch selbst beschäftigen.
- **Viel Spaß** haben die Tiere z.B. an einer mit Heu und gesunden Leckerchen gefüllten großen Papiertüte.
- **Als Spielalternative** können Sie den Kaninchen auch einfach eine leere Brötchentüte geben. An dem Rascheln haben sie viel Vergnügen und freuen sich auch noch über die Krümel.

Kanin-Hopp kam zuerst in England auf, mittlerweile gibt es auch in Deutschland viele Fans dieser anspruchsvollen Teamsportart.

Kanin-Hopp

Dies ist der neueste Sport-Trend für Kaninchen. Ähnlich wie von Hunden bekannt, müssen die Tiere unter Anleitung ihres Menschen dabei einen Hindernisparcours durchlaufen und dabei z. B. über Hürden springen und duch Tunnel gehen. Kanin-Hopp ist eine tolle Sache, wenn die Kaninchen mit Spaß an der Sache angeleitet werden und ohne Zwang den Parcours überwinden. Gefährlich wird der Sport, wenn die Tiere angeleint sind. Denn dabei ist es schon zu schlimmen Verletzungen gekommen. Ohne Leine macht die Sache auch viel mehr Spaß und der Halter weiß, dass seine Tiere genauso viel Freude haben wie er selbst.

Zwergkaninchen on tour

Damit Ihre im Käfig gehaltenen Kaninchen fit und munter bleiben, sollten Sie ihnen täglich zwei Stunden Freilauf im Zimmer bieten. Das wirkt sich natürlich positiv auf die Gesundheit der Tiere aus – und je mehr Bewegung sie dann haben, umso besser. Sie werden erstaunt sein, mit welcher Freude die kleinen Gesellen diese Freiheit genießen und einige werden sogar richtig anhänglich und folgen Ihnen auf Schritt und Tritt.

Bitte beachten

Kaninchen nagen gern und machen dabei auch vor kostbaren Möbelstücken nicht halt. Da sie auch gut springen, werden sie sich Lieblingsplätze auf Sesseln, Sofas, aber auch auf für sie erreichbaren anderen Möbelstücken suchen.

▸ Auch stubenreine Kaninchen markieren ihr Territorium. Das geschieht besonders durch Reiben der Kinnregion an den verschiedensten Gegenständen. Diese Art der Markierung ist für uns nicht wahrnehmbar, ein anderes, vorrangig männliches Kaninchen kann aber dadurch zum Absetzen von Harn angeregt werden.

▸ Kaninchen, die im Zimmer, auf Balkons oder in Wintergärten Freilauf haben, werden an den vorhandenen Pflanzen fressen und mit Begeisterung Erde aus den Töpfen scharren.

Gefahrenquellen absichern

Möbel und andere Gegenstände können Anstriche aufweisen, die beim Annagen zu Vergiftungen führen. Halten Sie die Tiere im Zweifel besser fern.

Pflanzen können giftig sein, dazu zählen z. B. Fingerhut, Maiglöckchen, Efeu, Philodendron und Weihnachtsstern (Seite 60).

Achten Sie darauf, dass Sie die Kaninchen nicht aus Versehen treten. Andere Haustiere müssen eventuell so lange in einem anderen Zimmer warten (Seite 32).

Kabel müssen knabbersicher verborgen werden.

In Spalten und Schubladen können die Tiere sich verstecken und dann eingeklemmt werden.

Nur unter Aufsicht

Kaninchen können in ihrer Neugier viel Unfug anstellen. Deswegen sollten Sie die kleinen Entdecker bei ihren Erkundungstouren beobachten, um im Notfall schnell eingreifen und helfen zu können. Die Beaufsichtigung sollte aus gebührender Entfernung erfolgen, damit sich die Tiere unbeobachtet und entspannt fühlen und ihre Erkundungsausflüge ungestört durchführen können. Irgendwelche Reaktionen der Beobachter, die zu Schreckreaktionen der Kaninchen führen können, sind unbedingt zu ver-

Achten Sie darauf, dass die Kaninchen während des Freilaufs nichts anknabbern, auch Teppiche können gefährliche Substanzen enthalten.

meiden. Das heißt, dass man solche „Aktionen“ nur dann starten soll, wenn man selbst dafür über ausreichend Zeit verfügt. Trotzdem sollten alle potenziellen Gefahrenquellen gut abgesichert werden. Die Kaninchen dürfen zu Beginn nur unter Aufsicht selbstständig ihren Käfig verlassen. Die Tiere sollten zumindest anfangs möglichst von selbst wieder zurück in ihren Käfig gehen, deswegen erst nach dem Auslauf füttern. Eine wilde Jagd ist nicht sinnvoll. Später werden sie dann auf Zuruf, besonders aber bei Vorhalten eines Leckerbissens von selbst zum Käfig hoppeln oder – auch hier sind Schreckreaktionen zu vermeiden – sich nach leisem Ansprechen und Streicheln hochheben und zum Käfig tragen lassen. Wer vorhat, seine Kaninchen frei in der Wohnung zu halten, sollte sie über mehrere Wochen an den Käfig gewöhnen. Dabei muss der Käfig ebenerdig aufgestellt werden. Ein solcher Käfig sollte dann nicht nur von oben, sondern auch von vorn oder seitlich zu öffnen sein.

Kaninchenreise

Beim Besuch von Ausstellungen und Reisen in EU-Länder ist ein tierärztlicher Impfnachweis mitzuführen. Die Impfung darf nicht älter als ein Jahr sein. Bei Reisen in Nicht-EU-Länder vorher den Tierarzt fragen. In Passagierkabinen von Flugzeugen dürfen die Tiere wegen der Gefahr des Kabelanknabberns auch in einer Tranportbox meist nicht mitgenommen werden. (Informationen bei der Fluggesellschaft).

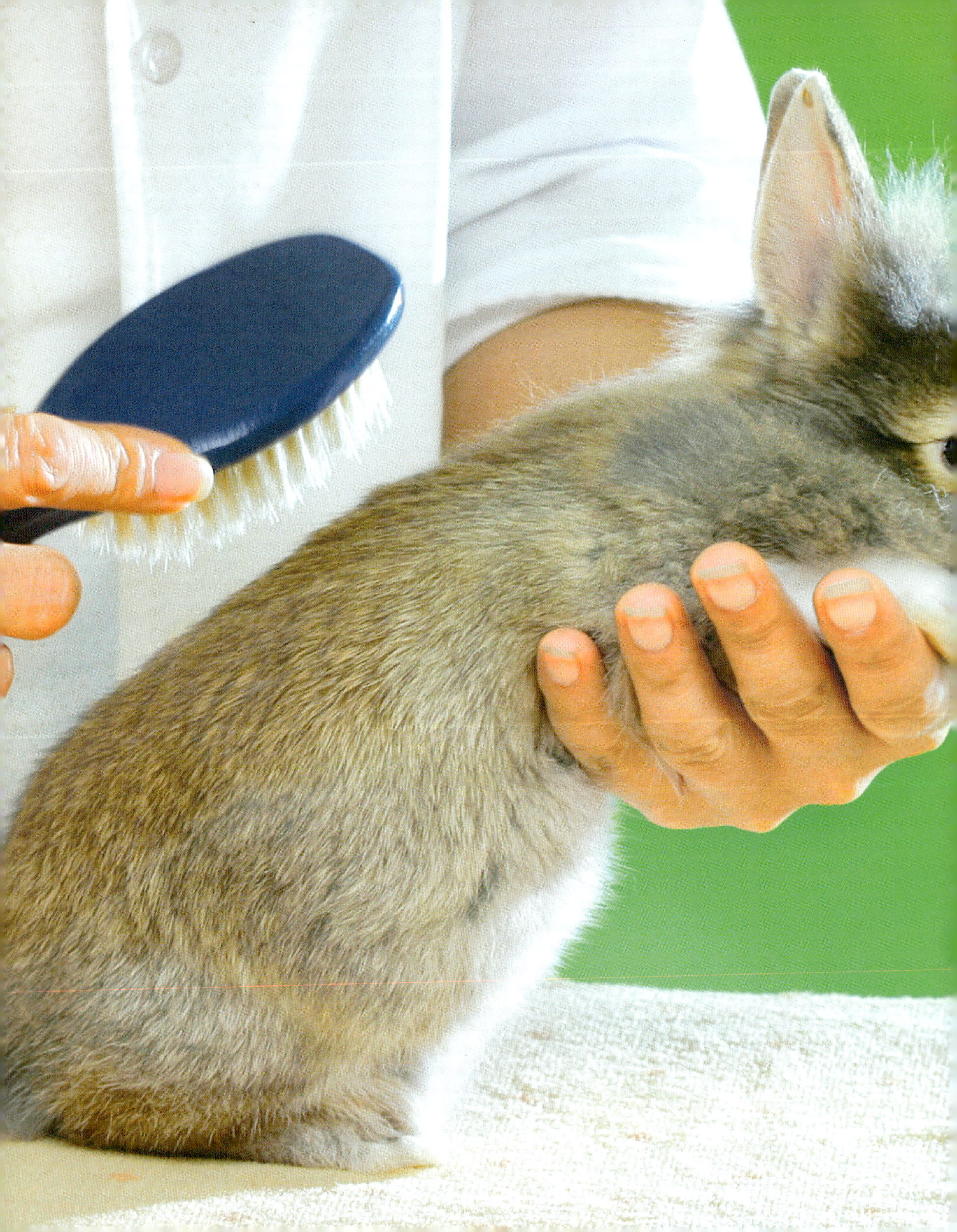

Liebevoll umsorgt

Zimmerservice

Kaninchen sind sehr reinliche Tiere, die täglich viel Zeit mit der Fellpflege verbringen. Nur bei langhaarigen Tieren müssen Sie nachhelfen. Ihre Aufgabe ist außerdem, dafür zu sorgen, dass das Kaninchenheim immer sauber ist – dadurch beugen Sie Krankheiten und Geruchsbelästigung vor.

Nur durch intensive die Körperpflege können Kaninchen die wärmeregulierende Funktion ihres dichten Fells aufrecht halten.

Fellpflege

Bei Kaninchen, die ständig in einer verhältnismäßig warmen Wohnung gehalten werden, zieht sich der Haarwechsel länger hin. Dann ist durch entsprechendes Bürsten mit einer weichen Bürste nachzuhelfen. Bei den langhaarigen Kaninchen müssen Sie die Fellpflege durch regelmäßiges Kämmen und Bürsten unbedingt unterstützen. Achten Sie dabei vor allem auf den Bereich der unteren Körperregionen, besonders an den Hinterbeinen können sich durch Gras- oder Getreidegrannen Filzknoten bilden. Wenn sie sich nicht vorsichtig auskämmen lassen, sollten Sie diese abschneiden. Das Fell der Angorakaninchen ist peinlichst sauber zu halten und muss täglich gekämmt und gebürstet werden. Hinzu kommt, dass Angorakaninchen viermal im Jahr,

Ein Katzentoilette mit normaler Kleintierstreu nehmen viele Kaninchen an, wenn sie in ihrer Toilettenecke platziert wird.

jeweils im Abstand von etwa drei Monaten geschoren werden müssen. Dabei muss in allen Bereichen des Körpers unbedingt eine Haarlänge von ungefähr einem Zentimeter belassen werden, damit es nicht zu Unterkühlung kommt.

Käfigreinigung

Verwenden Sie für die Reinigung keine scharfen Reiniger, sondern heißes Wasser, bei starkem Schmutz auch Essigreiniger – danach muss mit viel Wasser nachgespült werden. Bevor der Käfig wieder eingerichtet wird, muss alles gut getrocknet sein. In dieser Zeit können die Tiere frei laufen.

▸ Das müssen Sie tun: Reinigen Sie täglich die Toilettenecke- oder Toilettenkiste, ebenso Näpfe und Trinkflasche. Entfernen Sie täglich die Frischfutterreste vom Vortag. Ein- bis zweimal in der Woche sollten Sie den gesamten Käfig gründlich reinigen, die Einrichtungsgegenstände bei Bedarf. Eine Desinfektion des Gehege ist nur auf Anraten des Tierarztes bei Erkrankungen der Tiere notwendig.

SMART

Gut versorgt im Urlaub

- **Während** Ihres Urlaubs sind die Kaninchen Zuhause gut aufgehoben. Mitnehmen sollten Sie sie nicht, dass ist zu stressig für die Tiere.
- **„Engagieren“** Sie schon frühzeitig eine kompetente Urlaubsvertretung, die die Kaninchen bei Ihnen versorgt oder bei sich unterbringt.
- **Weisen** Sie die Vertretung ausführlich in die Pflege ein und hinterlegen Sie die Telefonnummer des Tierarztes und Ihre Urlaubsadresse.

Vorsorge

Bei verantwortungsvoller Haltung und Fütterung werden Krankheiten bei Ihren Kaninchen die Ausnahme bleiben. Mindestens einmal in der Woche sollten Sie Ihre Tiere vorbeugend aber genauer unter die Lupe nehmen, um bei möglichen ersten Anzeichen einer Erkrankung schnell reagieren zu können.

Krallenpflege

Besonders bei älteren Kaninchen und solchen, die sich nur noch wenig bewegen, kommt es immer wieder dazu, dass die Krallen zu lang werden. Eine entsprechende Korrektur, am besten mit einer speziellen Krallenzange aus dem Zoofachhandel ist dann notwendig. Bei Kaninchen mit hellen Krallen ist wie man sagt „das Leben", also der durchblutete Teil der Krallen, gut erkennbar. Einige Millimeter unterhalb dieser Zone wird die Kralle so gekürzt, dass ihr Profil in der Schräge am Ende dem einer normalen, unbeschnittenen Kralle weitgehend entspricht. Schwieriger ist dies bei den stark pigmentierten Krallen dunkler Kaninchen. Hier sollte man vorsichtshalber, um Blutungen zu vermeiden lieber etwas weniger als zu viel wegscheiden, und eine weitere Kürzung einige Wochen später vornehmen. Wenn Sie sich unsicher sind, lassen Sie sich das Schneiden der Krallen vorher einmal vom Tierarzt zeigen.

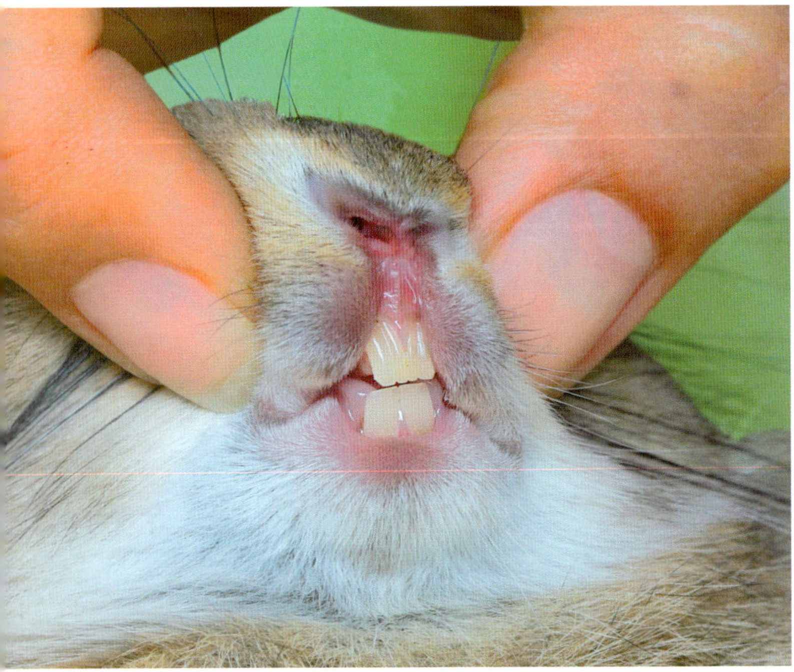

Diese Farbe ist für Kaninchenzähne ganz normal. Kontrollieren Sie regelmäßig, ob Fehlstellungen der Schneidezähne vorliegen.

Zahnkontrolle

Sie müssen bei Ihren Kaninchen nicht die Zähne putzen, sollten aber wöchentlich kontrollieren, ob die Zähne gut abgenutzt sind und kein Zahn abgebrochen ist. Werden die Zähne durch nicht ausreichenden Verzehr von Heu und das Knabbern an Zweigen schlecht oder falsch abgenutzt, kommt es zu Zahnfehlstellungen. Anzeichen können Abmagerung und Nahrungsverweigerung sowie Speicheln sein. Entdecken Sie dies bei einem Ihrer Kaninchen, müssen Sie es dem Tierarzt vorstellen. Manchmal reicht eine einmalige Korrektur, bei angeborenen Zahnfehlern muss oft regelmäßig vom Tierarzt gekürzt werden.

Nutzen *sie die Fellpflege, um auf Fell- und Hautveränderungen zu achten. Das Haarkleid sagt viel über die Gesundheit aus.*

Gewichtskontrolle

Einmal in der Woche sollten Sie Ihre Kaninchen wiegen, um einen objektiven Eindruck ihres Ernährungszustandes zu bekommen. Dazu können Sie das Tier in der Transportbox wiegen und anschließend das Gewicht der Box davon abziehen. Bedenklich sind Gewichts- schwankungen von mehr als 100 g. Bei sehr kleinen Tieren sollten Sie auch bei geringeren Schwankungen aufmerksam werden. Übergewichtige Tiere sind oft bewegungsunlustig und werden leichter krank.

SMART

Wichtige Impfungen

› **Einmal jährlich** sollten Sie Ihre Kaninchen vom Tierarzt impfen lassen, um zwei gefährlichen Krankheiten vorzubeugen, der RHD, auch Chinaseuche genannt und der Myxomatose (Seiten 53 und 60) .

Behutsam vorgehen

Ob bei der Gewöhnung an eine neue Futtersorte oder den Aufenthalt im Freien, Ihre Kaninchen müssen langsam daran gewöhnt werden. Der ganzjährige Aufenthalt im Freien ist nur möglich, wenn die Tiere über den Sommer und Herbst genug Zeit hatten, ein Winterfell anzulegen.

Schnelle Hilfe

Kaninchen verbergen eine Erkrankung meist möglichst lange. Deswegen muss man auf kleinste Zeichen achten.

Gesundheits-Kontrolle

Wie lässt sich feststellen, ob ein Kaninchen erkrankt ist? Hier gibt es für den Kaninchenhalter einige einfache aber zuverlässige Kontrollen oder Messungen:

- Der Kot ist normalerweise dunkel-schwarzbraun und deutlich zu Bohnen geformt. Verschmutzungen am After deuten auf Durchfall hin.
- Der Harn der Kaninchen ist im Vergleich zu anderen Tieren und zum Menschen sehr dickflüssig und oft verhältnismäßig dunkel bis hin zu dunkelbraun. Wenn im größeren Umfang Rote Rüben verfüttert werden, erscheint die Harnfarbe dunkelrötlich violett.
- Bei einem gesunden Tier ist das Fell dicht, glänzend und gepflegt. Schorf, Krusten, vermehrte Schuppenbildung und kahle Stellen können auf Parasiten deuten, ebenso vermehrtes Kratzen.
- Schorf, Krusten oder Ausfluss an Nase, Augen und Ohren sind bedenklich.
- Gekrümmte Körperhaltung und schnelles Atmen (außer bei Wärme und Aufregung) deuten auf Schmerzen hin, z.B. Blähungen, die durch zu viel Frischfutter verursacht wurden.
- Werden Sie aufmerksam bei ungewöhnlichen Bewegungen wie Hinken oder Schiefhalten des Kopfes.
- Nasse Vorderpfötchen deuten oft auf Nasenausfluss oder Zahnprobleme.
- Tasten Sie Ihre Kaninchen deuten nach Schwellungen und Knoten ab. Werden Tumore früh entdeckt, können sie meist ohne Probleme operativ entfernt werden.
- **Folgende Daten der Körperfunktion** gelten bei gesunden Kaninchen als normal:
- Körpertemperatur rektal gemessen: 38,5 bis 39,5 °C
- Atemfrequenz: 50 bis 150 pro Minute
- Pulsfrequenz: 120 bis 150 pro Minute

Der Tierarztbesuch

Der Tierarzt wird das Kaninchen gründlich untersuchen und sich nach seinen Haltungs- und Fütterungsbedingungen erkundigen, bevor er die Diagnose stellt.

Fragen Sie nach, wenn Sie etwas nicht verstehen. Der Tierarzt erklärt Ihnen das gern verständlich und nimmt auch Ihre Sorgen und Ängste ernst.

Halten Sie sich an die Anweisungen des Tierarztes und geben Sie Medikamente so wie verordnet.

Wenn Sie Ihrem Kaninchen Tabletten eingeben müssen, können Sie diese zu Pulver zerreiben und unter Apfelmus mischen. Nimmt das Tier das nicht an, müssen Sie das Pulver in Wasser auflösen und wie auf Seite 55 beschrieben mit einer Spritze eingeben.

Transportieren Sie Kaninchen immer in einer speziellen Box zum Tierarzt – diese Transportkiste dürfte etwas größer sein.

Milben- und Pilzbefall

Mehlige, teigartige Ablagerungen in den Ohren haben meist Räudemilben als Ursache. Oft liegen dann auch krustige Veränderungen in verschiedenen Bereichen des Kopfes vor. Je nach Art der Räudemilben kommt es zu mehr oder weniger starkem Juckreiz. Auch von Mykosen sind Kaninchen nicht verschont. Oft zeigt sich dieser Pilzbefall in Form mehr oder weniger kreisrunder, veränderter Hautpartien, an denen auch die Haare ausfallen. Sowohl bei Milben- wie auch Pilzbefall ist der Tierarzt aufzusuchen, damit eine geeignete Behandlung eingeleitet werden kann. Bei einem Verdacht auf Pilzbefall müssen Sie unbedingt darauf achten, dass Sie sich nach Kontakt mit dem Tier nicht mit den Händen im Gesicht oder anderen Hautpartien berühren – Sie könnten sich anstecken. Desinfizieren Sie die Hände nach dem Kontakt immer mit einem entsprechenden Mittel, das Waschen alleine reicht nicht aus.

Mögliche Krankeiten

Wenn eines Ihrer Kaninchen Krankheitsanzeichen zeigt, sollten Sie es vom Tierarzt untersuchen lassen – Experimente mit Hausmitteln schaden meist mehr, als sie helfen. Trotzdem ist es wichtig, dass Sie die häufigsten möglichen Krankheiten kennen, um im „Ernstfall" richtig reagieren zu können.

Gesunde Kaninchen sind aufmerksam und interessieren sich für ihre Umgebung. Zurückgezogenheit ist oft ein Krankheitsanzeichen.

Verdauungsstörungen

Sie sind meist ernährungsbedingt und führen zu Durchfall, aber auch zu Blähungen. Oder es kann sich um eine Infektion handeln, bei der Bakterien im Spiel sein können oder einzellige tierische Lebewesen, wie bei der Kokzidiose. Diese seuchenhaft verlaufende Erkrankung befällt hauptsächlich Jungtiere und tritt erst nach dem Verlassen des Nestes auf und zeigt sich an Durchfall und Blähungen.

▸ **Was können Sie tun?** Lassen Sie das Kaninchen schnell vom Tierarzt untersuchen. Eine sofortige Umstellung der Ernährung ist erforderlich. Sie besteht aus gutem, einwandfreien Heu sowie aus Zweigen von Eiche und den verschiedenen Weidenarten. Diese wirken sich durch den hohen Gerbsäuregehalt positiv bei Durchfall aus. Zudem ist viel frisches

Frischfutter ist wichtig für die Gesundheit der Kaninchen, muss bei Durchfall aber vom Speiseplan gestrichen werden.

Trinkwasser erforderlich, das mit einer Prise Kochsalz versehen wird. Notfalls wird das Tier künstlich ernährt (Seite 55).

Schnupfen

Oft erkranken Kaninchen bei ungünstigen Umwelteinflüssen und Haltungsbedingungen. Erstes Symptom ist ein wässriger Nasenausfluss und meist auch ein entsprechendes Niesen. Der Haupterreger ist ein hartnäckiges Bakterium. So kann sich ein Schnupfen über lange Zeit hinziehen. Auch eine allmähliche Abmagerung verbunden mit verklebten Augen und Nase sowie struppigem, glanzlosem Fell kann auftreten.

▸ **Was können Sie tun?** Eine gezielte tierärztliche Behandlung führt meist zum Erfolg. Beim ansteckenden Kaninchenschnupfen *(Rhinitis contagiosa cuniculi)* müssen auch die gesund erscheinenden Tiere vom Tierarzt behandelt werden.

RHD/Chinaseuche

Durch diese gefährliche Viruserkrankung *(Rabbit Haemorrhagic Disease)* können Kaninchen aller Altersstufen ab sechs Wochen von heute auf morgen sterben. Die Übertragungswege sind noch nicht vollständig geklärt, aber der Mensch, der Kontakt mit kranken Tieren hatte, kann eigene Kaninchen infizieren. Die Inkubationszeit beträgt ein bis drei Tage. Wildkaninchen werden ebenso wie die Hauskaninchen befallen.

▸ **Was können Sie tun?** Lassen Sie jährlich impfen, diese Impfung ist auch für Reisen in andere Länder Pflicht.

Myxomatose

Diese Erkrankung wird vor allem durch blutsaugende Insekten, wie Mücken und Flöhe übertragen. Viele Tiere sterben daran. Anzeichen und Verlaufsformen sind sehr unterschiedlich. Bei der akuten Form schwellen unter anderem die Augenlider an, es tritt eitriger Augenausfluss aus und das Tier hat Fieber.

▸ **Was können Sie tun?** Mit einer, besser zwei Impfungen pro Jahr schützen Sie Ihre Tiere.

Was Sie tun können

Es gibt einiges, was Sie tun können, damit es einem kraken Kaninchen bald wieder gut geht. Ihr Tierarzt wird Sie gern beraten. Er kann Ihnen auch sagen, ob die Tiere getrennt werden sollten, um eine Ansteckung zu vermeiden oder den Tieren der Stress der Trennung lieber erspart bleiben sollte. Bei einer Erkrankung ist es besonders wichtig, dass Sie auf Hygiene im Kaninchenheim achten.

Hilfe bei Durchfall

Mit Kohletabletten und wenig lauwarmem Wasser wird ein dicker Brei hergestellt, der mit einem schmalen Holzspatel in kleinen Portionen dem Kaninchen über den Zwischenraum zwischen Schneide- und Vorbackenzähnen ins Mäulchen gegeben wird. Trinkt das Tier nicht, muss das Wasser ganz vorsichtig mit einer Spritze ohne Kanüle auf dem gleichen Wege gegeben werden.

Gutes Heu ist das beste Futter bei Erkrankungen und kann dem Kaninchen in unbegrenzter Menge angeboten werden.

Hilfe bei Erkältung

Es gibt mehrere Maßnahmen, die der Tierarzt Ihnen dabei vielleicht empfiehlt.

- **Wärme** ist wichtig bei Erkältungen. Dazu bestrahlen Sie einen Teil – circa ein Drittel – des Käfigs mit einer handelsüblichen Rotlichtlampe. So kann das Tier entscheiden, ob es sich im bestrahlten Bereich aufhalten will oder nicht. Der Abstand der Lampe muss so gewählt wreden, dass die Wärme auf Ihrer Hand angenehm ist, wenn Sie diese in den angestrahlten Käfigboden halten.
- **Inhalation:** Stellen Sie eine Schüssel mit heißem Wasser und wenigen Tropfen ätherischen Ölen neben den Käfig und achten Sie auf gute Luftzirkulation – Zugluft aber vermeiden. Wenn das kranke Kaninchen besonders zahm ist, können Sie es bei der Inhalation auf den Schoß setzen, während die Schüssel auf dem Boden steht. Damit nichts passiert, muss sie mit einem Gitter abgedeckt sein.

Hilfe bei Hitzschlag

Kaninchen vertragen Hitze schlecht (Seite 25). Symptome für Hitzschlag sind starkes Hecheln, auch Zittern, Erregung und unkoordinierte Bewegungen. Bringen Sie das Kaninchen in diesem Fall sofort in einen kühlen Raum und halten Sie es von Aufregung fern. Auf den Kopf und die Beine werden feuchte Tücher gelegt. Einem akuten Kreislaufversagen wird man mit einem halben Teelöffel (bei Zwergkaninchen) und bis zu einem ganzen Teelöffel (bei größeren Kaninchen) dünnem Bohnenkaffee entgegenwirken, der mit einer 1 ml-Spritze ohne Kanüle wie beschrieben eingegeben wird. Anschließend das Kaninchen auf dem schnellsten Weg zum Tierarzt bringen!

Regelmäßiges Wiegen ist auch bei der Krankenpflege besonders wichtig. Nimmt das Kaninchen weiter ab, muss es zum Tierarzt.

Lähmungen vorbeugen

Lähmungserscheinungen, besonders im Bereich der Hinterläufe und im hinteren Bereich der Wirbelsäule, treten häufig auf. Ursachen sind oft Verletzungen, z.B. Stöße und Stürze oder Quetschungen. Vermeiden Sie unbedingt, dass die Kaninchen aus höher stehenden Käfigen, von Tischen und anderen Möbelstücken springen und auf glatten Böden ausrutschen können. Auch Vitaminmangel und Infektionen können die Ursachen von Lähmungen sein. Zeigen sich bei einem Ihrer Kaninchen Anzeichen einer Lähmung, müssen Sie es möglichst warm halten und – ohne es viel zu bewegen – sofort zum Tierarzt zur Untersuchung bringen.

SMART

Künstliche Ernährung

- **Verweigert** ein krankes Kaninchen die Nahrungsaufnahme, muss es eventuell künstlich ernährt werden.
- **Mischen** Sie dazu klein gemahlene Heupellets mit Heuaufguss und Kamillentee sowie etwas Trockenmilch zu einem Brei.
- **Zum Eingeben** sollten Sie eine 1 ml-Spritze ohne Kanüle verwenden.
- **Ergänzend** sollten Sie auch Baby-Möhrenbrei untermischen.

Nachwuchs

Junge Zwergkaninchen entlocken ihren Betrachtern garantiert Ausrufe der Verzückung und das zu Recht – gibt es doch kaum etwas Niedlicheres als die kleinen Fellknäuel mit ihren großen Augen. Doch vor unbeabsichtigtem Nachwuchs sei gewarnt – die Vermehrungsfreude der Kaninchen ist sprichwörtlich.

Überall, wo man Kaninchen aussetzte, wurden sie vorrangig in Ermangelung entsprechender natürlicher Feinde zur Landplage. Besonders bekannt ist dabei das Beispiel Australiens, wo im vorletzten Jahrhundert wenige Paare Hauskaninchen ausgesetzt wurden, die auf diesem Kontinent zu einer Kaninchenplage geführt haben, die man bis heute noch nicht richtig in den Griff bekommen hat.

31 Tage dauert es in der Regel, bis die niedlichen Kaninchenbabys auf die Welt kommen.

Paarungsbereit

Wild- und Hauskaninchen können problemlos etwa achtmal im Jahr Jungtiere zur Welt bringen. In der Natur ist das wegen der vielen natürlichen Feinde zur Arterhaltung auch notwendig. Nur ein Bruchteil der in einem Jahr geborenen, jungen Wildkaninchen vollendet daher das erste Lebensjahr. Zwerg- und kleine Kaninchenrassen können ab etwa sechs bis sieben Monaten, mittlere ab acht bis neun und große Kaninchenrassen ab neun bis elf Monaten zur Zucht verwendet werden. Das paarungsbereite Weibchen zeigt ein verändertes Verhalten: Es gräbt meist die Einstreu um und beginnt oft sogar mit dem Nestbau. Grundsätzlich bringen wir zur Paarung die Häsin zum Rammler.

Nestbau und Geburt

Nach durchschnittlich 31 Tagen kommt es zur Geburt. Kaninchen bringen meist zwischen vier und acht Jungtiere pro Wurf zur Welt. Rassereine Zwergkaninchen haben oft pro Wurf nur ein bis drei, seltener vier oder fünf Junge. Sind es nur wenige Junge, werden diese in der Regel verhältnismäßig schwer, und ihre Geburt erfolgt etwas später. Handelt es sich um zahlenmäßig große Würfe, werden die dann meist ewas kleineren Jungtiere etwas früher als vor dem Ablauf der durchschnittlich 31 Tage dauernden Tragzeit geboren. Vor

Vor der Geburt baut das Weibchen ein Nest aus Stroh, Heu und eigenen Haaren. Auch brünstige Tiere zeigen manchmal dieses Verhalten.

dem Einsetzen der Geburt beginnt die Häsin mit dem Nestbau. Sie trägt Stroh oder Heu, quer in den Mund genommen, in eine möglichst dunkle Ecke des Stalls oder Käfigs. Dann beginnt sie mit dem so genannten Rupfen der Wolle, das heißt, sie reißt sich Haare aus der Region des Unterhalses, der Vorderbrust und des Bauches aus. Damit die feinen Härchen nicht so sehr an ihrer Mundschleimhaut kleben, nimmt die Häsin wiederum quer Stroh oder Heu in den Mund und rupft die Haare jeweils anschließend aus, damit sie sich sozusagen vor der „Heu- oder Strohbarriere" befinden.

▸ **Die Geburt** setzt sehr rasch nach Fertigstellung des Nestbaus ein. Jedes junge Kaninchen sitzt in einer eigenen Fruchthülle und hat eine eigene Plazenta (Mutterkuchen). Die Mutter verzehrt nach der Geburt die Plazenta und frisst entlang der Nabelschnur in Richtung auf den Körper des Jungtieres hin. Sie nabelt so das Junge in der Regel in der richtigen Länge ab.

▸ **Nach dem Trockenlecken** des gerade geborenen Jungtieres folgt meist sehr schnell die Geburt des nächsten. Die Mutter säugt, wie es auch bei dem Europäischen Wildkaninchen der Fall ist, in der Regel nur einmal innerhalb von 24 Stunden.

▸ **Eine Nestkontrolle** sollte nach der Geburt erfolgen, am besten, wenn die Mutter nicht zugegen ist. Waschen und trocknen Sie die Hände, öffnen Sie vorsichtig das Nest. Zählen Sie die Jungen und prüfen Sie ihren Nabel und Ernährungszustand.

SMART

Gut genährt

- **Gesunde** und gut genährte Jungtiere haben eine pralle Bauchregion, auf der sich keinerlei Hautfalten befinden.
- **Hautfalten** weisen auf eine mangelnde Ernährung und Flüssigkeitszufuhr bei den Jungen hin.

Muntere Kinderstube

Kaninchen gehören zu den Nesthockern, der Nachwuchs ist in seinen ersten Tagen und Wochen vollkommen auf die Ernährung, Wärme und Fürsorge seiner Mutter angewiesen. Typisch dafür ist auch der Bau eines kuscheligen Nestes, in dem die Kleinen es schön warm haben. Nestflüchter wie der Feldhase kommen behaart, hörend, sehend und nur in einer Kuhle zur Welt. Sie sind schon relativ kurz nachdem Sie geboren wurden gemeinsam mit der Mutter auf den Beinen (Seite 9). Kaninchen hingegen werden unbehaart, blind und taub geboren. Ihr Geruchs-, Tast- und Gleichgewichtssinn sind zwar bereits von Geburt an gut entwickelt, der Geschmackssinn ist jedoch noch nicht sonderlich ausgeprägt. Süß und sauer können sie aber bereits unterscheiden. Im Alter von etwa sieben Tagen ist ein beginnender Haarwuchs zu sehen, mit zwei Wochen ist das Fell bereits dicht und die spätere Haarfarbe zu erkennen. Nun wird der Radius der Kaninchenkinder immer größer und je älter sie werden, dest weiter entfernen sie sich bei ihren Ausflügen vom Nest.

SMART

Künstliche Ernährung muss sein, wenn die Kleinen unterernährt sind. Dazu wird eine Milch aus 53 % Trockenmagermilch, 32 % Molkeneiweiß, 12 % Kokos- und Sonnenblumenöl (im Verhältnis 1:3) und 3% eines Multivitamin-, Mineralstoff- und Spurenelementegemischs verwendet und ein bis zweimal täglich körperwarm mit einer Pipette gegeben. Dabei werden After und Geschlechtsöffnung in Richtung Schwanzansatz sanft mit dem Finger massiert, damit sich die Jungtiere entleeren können.

1

Gut geschützt ▸ verbirgt die Kaninchenmutter ihre Neugeborenen im Nest, das mit ihren gerupften Haaren und Stroh weich und warm ausgepolstert ist. Von der Mutter gut genährte Jungtiere haben eine pralle Bauchregion ohne irgendwelche Hautfalten. Nach einer Woche beginnt das Fell zu sprießen und nach zwei Wochen ist es schon dicht.

2

Fortschritte ◂ Eine Verdopplung des Geburtsgewichtes erfolgt nach etwa 6 bis 8 Tagen, mit etwa 14 Tagen ist dann schon das Fünffache des Geburtsgewichtes erreicht. Junge Kaninchen öffnen mit 12 bis 14 Tagen die Augen. Sie verlassen meist ungefähr in einem Alter von drei Wochen das Nest und beginnen bei diesen ersten Ausflügen dann auch schon, selbstständig erste Nahrung aufzunehmen.

Selbstständig ▸ Junge Kaninchen setzt man ab vollendeter achter Lebenswoche von der Mutter ab. Zu dieser Zeit erzeugt sie auch bereits erheblich weniger Milch. Das Absetzen sollte in der Regel so erfolgen, dass zuerst die kräftigsten Jungtiere vom Muttertier entfernt werden, dann haben die schwächeren Kinder noch etwas bessere Chancen, den Rückstand gegenüber ihren Geschwistern aufzuholen.

3

4

Hasenschule ◂ Nach Möglichkeit hält man die jungen, von der Mutter abgesetzten Kaninchen nicht allein, sondern lieber in Geschwistergruppen zu zwei bis drei Tieren. Wenn die Kleinen weiterhin zwei bis drei Wochen zusammen bleiben, können sie noch viel voneinander lernen. Ideal ist es natürlich, wenn zwei Geschwisterchen zusammen in ein neues Zuhause einziehen und ihren neuen Menschen im Team viel Freude bereiten dürfen.

Infoecke

Bücher

- Altmann, F.D.: **Kaninchen.** In: **Heimtierfibel,** Universität für Veterinärmedizin, Norka Zeitungsverlag, Klosterneuburg 1997
- Anonym: **Europastandard der Kaninchenrassen.** Europäischer Verband für Geflügel- und Kaninchenzucht; o.J.
- Briemle, G.: **Farbatlas Kräuter und Gräser in Feld und Wald.** Verlag Eugen Ulmer, Stuttgart 1997
- Isenbügel, E. und Frank, W.: **Heimtierkrankheiten.** Verlag Eugen Ulmer, Stuttgart 1985
- Schall, H.: **Kaninchen.** In: Gabrisch, K. und P. Zwart (Hrsg.): **Krankheiten der Heimtiere. 4.** überarb. Aufl., Schlütersche Verlagsanstalt und Druckerei, Hannover 1998.
- Schley, P.: **Kaninchen.** Verlag Eugen Ulmer, Stuttgart 1985
- Seim, S.: **Kaninchen.** Verlag Eugen Ulmer, Stuttgart 2002
- Wenzel, U.D.: **Kaninchen.** Neumann-Neudamm, Melsungen 1989.

Adressen

Bundesarbeitsgruppe Kleinsäuger e.V.
im Schulzoo Leipzig e.V.
Binzer Straße 14
04207 Leipzig
Tel./Fax 0 341 9403777
www.bag-kleinsaeuger.de

Rassezuchtverband Österreichischer Kleintierzüchter
Geschäftsstelle:
Dr.-Karl-Lueger Ring/II
A-1010 Wien
www.kleintierzucht-roek.at

Tierärztliche Vereinigung für Tierschutz e.V. (TVT)
Geschäftsstelle:
Bramscher Allee 5
49565 Bramsche
www.tierschutz-tvt.de

(Hinweis: Der Verlag Eugen Ulmer ist nicht für den Inhalt von Links verantwortlich)

Internet

www.tierschutzvereine.de (Verzeichnis von Tierschutzvereinen und Tierheimen)

www.tieraerzteverband.de (Bundesverband praktizierender Tierärzte mit Infos zum Thema tierärztliche Gebühren)

www.med.uni-bonn.de/giftzentrale/pflanidx.html (Liste giftiger Pflanzen)

Herstellernachweis

Trixie Heimtierbedarf, Tarp
Rodipet Kleinsäugerzubehör, Düsseldorf
Kölle-Zoo, Stuttgart
Kräuterparadies Lindig, München
Zoo-Utke, Oberesslingen

Zeitschriften

- **RODENTIA**
Kleinsäuger-Fachmagazin, Natur- und Tierverlag Münster
www.ms-verlag.de

- **Kaninchenzeitung,**
offizielles Organ des Zentralverbandes deutscher Kaninchenzüchter, H.K. Hobby- und Kleintierzüchter-Verlagsgesellschaft Berlin, erscheint monatlich.

- **ÖKZ Österreichischer Kleintierzüchter,**
illustriertes Fachblatt für Kaninchen, Meerschweinchen, Tauben, Geflügel, Ziergeflügel und Vögel, offzielles Organ des Rassezuchtverbandes Österreichischer Kleintierzüchter mit Tier-, Natur- und Umweltschutz der Republik Österreich, Wien, erscheint monatlich.

Impressum

Bibliografische Information der Deutschen Bibliothek
Die Deutsche Bibliothek verzeichnet diese Publikation in der Deutschen Nationalbibliografie; detaillierte bibliografische Daten sind im Internet über http://dnb.ddb.de abrufbar.

Wollgrasweg 41,
70599 Stuttgart
E-Mail: info@ulmer.de
Internet: www.ulmer.de
Lektorat: Dr. E.M. Götz
Redaktionelle Bearbeitung: textory mediaService
Covergestaltung und Innenlayout: X-Design, München
Druck und Bindung: Litotipografia-editrice Alcione, Trento
Printed in Italy

ISBN 3-8001-4480-8

Making Of

▸ **Prof. Dr. Fritz Dietrich Altmann** ist Veterinärmediziner und Zoologe. Er war 28 Jahre lang Zoodirektor und Zootierarzt. Dann lehrte er an der Vet.Med. Universität Wien über Tiere der warmen Klimate sowie kleine Heimtiere.

▸ **Danken** möchte ich meinem Verleger, Herrn Roland Ulmer, sowie Frau Dr. Nadja Kneissler für die wie immer harmonische Zusammenarbeit, besonders aber meiner Lektorin, Frau Dr. Eva-Maria Götz, die für meine Wünsche immer Verständnis hatte.

▸ **Regina Kuhn** ist frei schaffende Fotodesignerin mit jahrelanger Erfahrung in der Fotografie von Heimtieren.

▸ **Der Verlag und die Fotografin** danken für die freundliche Unterstützung der Fotoaufnahmen: Ute und Tamara Oberhoffner, Endersbach; Christiane Rüdinger, Stuttgart; Elâ Lilian Matern, Hochdorf; Ann-Katrin Dörflinger, Aalen, Joachim Brack, Herleshausen und Franz Gerger, Asperg.

Haftung

Register

Smart bringt's. Punkt.

Meerschweinchen.
Fritz Dietrich Altmann. 2005.
Ca. 64 S., ca. 60 Farbf., kart.
ISBN 3-8001-4479-4.

Mäuse.
Georg Gaßner. 2005.
Ca. 64 S., ca. 60 Farbf., kart.
ISBN 3-8001-4482-4. .

Chinchillas.
Heike Schmidt-Röger. 2005.
Ca. 64 S., ca. 60 Farbf., kart.
ISBN 3-8001-4469-7.

Wellensittiche.
Kurt Kolar. 2005.
Ca. 64 S., ca. 60 Farbf., kart.
ISBN 3-8001-4481-6.

Frösche.
Uwe Dost. 2005.
Ca. 64 S., ca. 60 Farbf., kart.
ISBN 3-8001-4253-8.

Miniteiche und Brunnen.
Andrea Christmann. 2005.
Ca. 64 S., ca. 60 Farbf., kart.
ISBN 3-8001-4745-9.

Gärten für jeden Typen.
Jutta Korz. 2005.
Ca. 64 S., ca. 60 Farbf., 5 Tab., kart. ISBN 3-8001-4746-7.

Astrologiegärten.
Regina Engelke. 2005.
Ca. 64 S., ca. 65 Farbf., 12 Zeichn., kart.
ISBN 3-8001-4742-4.

Balkonkästen.
Monika Kratz. 2005.
Ca. 64 S., ca. 60 Farbf., kart.
ISBN 3-8001-4142-6.

Rosen pflegen.
Henry Klein. 2005.
Ca. 64 S., ca. 60 Farbf., kart.
ISBN 3-8001-4747-5.

Küchenkräuter.
Gabriele Lehari. 2005.
Ca. 64 S., ca. 60 Farbf., kart.
ISBN 3-8001-4741-6.

Änderungen und Irrtümer vorbehalten.

Ganz nah dran. Ulmer

SPEZIAL

Kluge Tipps für SMART KIDS

Schlaue Extras

Kaninchen sind sehr neugierig und wollen etwas erleben. Du kannst deinen kleinen Untermietern viele spannende Spielzeuge zur Beschäftigung basteln.

In diesem Buch findest du viele Spielideen für deine Kaninchen. Ganz prima finden es die Racker beispielsweise, wenn du ihnen tolle Landschaften aus Pappkartons bastelst. Darin kann die Bande nach Herzenslust herumtoben, Fangen und Verstecken spielen. Wenn du die Kartons noch mit Heu füllst und darin begehrte Leckerbissen versteckst, haben deine Kaninchen doppelt Freude daran. Achte aber darauf, dass sich keine Klebstreifen mehr an den Kartons befinden.